1日1テーマ

読むだけで身につく

はじめての **Web** 文章

ライティ 全

100

プリズムゲート株式会社 代表取締役 **芝田弘美**

自由国民社

はじめに

武器になるライティング

　本書を手に取ってくださり、ありがとうございます。

　本書を手に取ってくださった読者の方は「ホームページやSNSで書く文章がよく分からない」「文章が苦手だけど、ネットから集客したいので、何とかしなければ！」と思っているのではありませんか？

　そのお気持ち、よく分かります。

　もしあなたが「どんな本を読めばいいのか？　何を学べばいいのか？」と迷っているのでしたら、本書はお役に立つはずです。

　本書は「インターネットで使う文章の入門書」です。

　インターネットが普及したこの30年で、実は仕事のやり方がガラッと変わりました。人々の連絡手段は電話からメールやチャットになり、何かを調べる時はネット検索になりました。取引先や営業先を探すのもホームページを見て探します。

　プライベートでも、LINEで家族と連絡をとったり、Instagramで店を探したり、YouTubeを何時間も見たりしませんか？

　バブル世代の私は変化を大きく感じていますが、Z世代は今のインターネット環境が当たり前の環境で育っています。いまやインターネットをどう使いこなすかによって、ビジネスや生活の質も変わってくる世の中になっています。

　数えきれない情報が流通しているインターネットですが、それ

は「テキスト、画像、動画、音」の4つのデータで構成されています。その中で今いちばん影響力を持っているのはどれでしょうか？それはテキストです。

　動画や画像かと思った方も多いかと思いますが、意外にも「テキスト」なのです。

　インターネットでは、その莫大な情報からユーザーにとって適切な情報を探し出してもらうために、テキストが必要なのです。あなたは動画を見る時、YouTubeでキーワードを入れて検索するはずです。表示された動画のタイトルや、サムネイル画像に書いてある文字を見て、その動画を見るか見ないか決めていませんか？

　さらに、メールも文章、ホームページも文章、SNSでも文章は必ず使われていて、何か情報を探し出すときにテキストが使われています。

　このように今なおテキストが、インターネットから情報を探し出すという役割を担っているのです。ですから、テキストいわゆる文章が一番、影響力があると私は考えています。

Webライティングは「武器」になる！

　このインターネットで使う文章、Webライティングが得意になれば、あなたの武器になると確信しています。

　申し遅れました。私は芝田弘美と申します。

　1996年からWebデザイナーとして働きはじめ、今はプリズムゲート（株）というWeb制作会社の代表をしています。30年近くWeb業界で働くWebコンサルタントです。お客様の多くは中小企業で、会社ホームページから集客や採用という成果を出すお手伝いをしています。

　よくお客様から「文章が苦手で…」と言われ、ホームページに記載する文章作成のフォローをしてきました。

　その中でよくあるのが、「ホームページの文章を自分で書いたんだけど、アクセス数は伸びない。成果も出ない」というお悩み。

　ホームページに記載すべき文言が抜けていたり、お客様が知りたい情報が書いていなかったりするので、そういったこともアドバイスしています。

　今では、ホームページだけでなく、メルマガや、SNS運営もあ

日々のライティングで
本書の内容を
使ってみてください

どんどん文章が
書きやすくなります！

ります。

　「どんな文章を書けば良いのだろう？」と悩みが解決しないまま、文書作成が必要になる状況は増えるばかりです。

　こういったお客様のため、そして、似た悩みを持つ読者の方のため、業界30年で培った知識とスキルを本書にまとめました。はじめての方でも読めるよう、ホームページ、メルマガ、各SNSごとに解説した入門のライティング本です。

まずは実践あるのみ

　残念ながら、文章は実際に書かないと上達しません。

　本書で何か1つ知識を得たら、それをすぐに使ってみてください。

　ライティングは、筋力と似ています。今までと違った動きをすればするほど、筋力がつくのと同様に、Webライティング力も上がります。もちろん、最初は成果もなかなか出ないでしょう。ですが、そのいつもと違うことをやったことで、筋力がついていきます。すると徐々に、慣れて文章も早く書けるようになるでしょう。

　あなたは「文章が苦手」なままで一生を過ごしますか？　それとも、文章をさらっと書く自分になりますか？　もはやインターネットから逃げられないなら、ライティングを武器にしてしまいましょう。ライティングの世界へようこそ！

※注意：用語使い方
　本書では一般の方が分かりやすいよう、本文中では、次の用語を使います。
　①　Webサイト＝ホームページ
　②　ホームページやブログでの文章作成＝Webライティング
　③　②以外のメルマガ・SNSなどインターネット全般で使う文章作成＝ネットライティング

①体系的に学びたい方

　はじめてWebライティング・ネットライティングを学ぶ方は、最初から順に読み進めてください。

②既に文章を書くのが得意な方

　そうはいってもインターネットでの文書作成にはお作法があります。目次を見て、学びたいツールやアプリを探して、知りたいトピックを読んでください。

③インターネットやSNSツールが苦手な方

　図解だけ見ても、分かるように書きました。図解もみて理解を深めてください。

　本書は、見開きの文章と図解で、1つのトピックを展開しています。
　左ページに文章、右ページに図解を記載しています。
　忙しい方でも1トピック読むだけで、Webライティング・ネットライティングが分かるようになっています。時間がなければ1日1テーマ読み進めてください。

ゼロから始める！
マインドを変えよう

「文章を書くのが苦手！」という方のために、心が少し楽になるインターネットでの文章の話をします。まずは文章として形式うんぬんは気にしないこと。インターネットでは「人に話す」のと同じ感覚の文章が、読んでいる人にとっては受け入れやすいのです。

文章を書くのは
苦手だけど…

いったん…
これで、
公開しちゃえ！

001

インターネットの世界では、何でも文章!?

し、しらなかった！

　もはやインターネットなしには、ビジネスは動きません。
　会社には必ずホームページがあります。さらに、メルマガを発信したり、ブログやSNS運営も当たり前になってきました。その中で避けては通れないのは、文章を書くこと。いわゆるライティングです。

　いまや事業者や経営者だけでなく、一般のビジネスパーソンもブログやSNSを運営することが多くなってきました。さらに、その媒体の特性を考慮して文章を書き、成果を出すことが大切になってきています。

　例えば、ホームページ。検索順位を上げたい場合、そのページに掲載されている文章がGoogleから評価されます。SNSもぱっと見は写真や動画ですが、その投稿を読むか読まないかは投稿の文章によるのではないでしょうか。さらにファンになってもらったり、商品を閲覧していただきたいのであれば、プロフィール文章が大切になってきます。動画メディアのYouTubeですら、タイトルやサムネイル画像に書いてある文字で、再生数が変わります。

　インターネットを支配しているのは、実はテキストなのです。
　本書ではビジネスで使うことが多い「ホームページ」「ブログ」「メルマガ」「主なSNS」でのライティングのコツを解説していきます。それぞれの特性に合わせた実践的内容になっていますので、まずは読んで、自分で使ってみてください。

インターネットは「文章」の世界

一般のビジネスパーソンも
ライティングスキルが必要な時代！

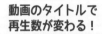
動画のタイトルで
再生数が変わる！

文章は
苦手～

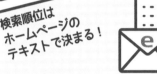
Web

検索順位は
ホームページの
テキストで決まる！

BLOG

仕事の指示は
チャット

インスタにも
文章はある！

SNS

ライティング
スキルを
身につけよう！

スキルアップ
するぞ！

002

集客　反応　見やすさ　読みやすさ

どんな文章が上手なの？

どれもできてなかった！

　インターネットでの上手な文章は、何かしらの成果につなげられるものを指します。例えば、「お問い合わせをしたくなる」、「コメントしたくなる」、「商品を購入したくなる」、「メルマガ登録したくなる」など。ホームページやSNSなど、媒体や目的により成果はその都度変わりますが、いわゆる「読み手を動かす文章」です。

　「相手を動かす」文章は、何はともあれ「分かりやすいこと」です。

【分かりやすい文章のポイント】
①１文に主語と述語を１つずつ記載
　×「○○は〜〜ですけれども、△△という場合もあります。」
　○「○○は〜〜です。ですが、△△という場合もあります。」
②何について書いているのか分かる
　×「今から旅立ちます」＋飛行機の写真（SNS投稿の場合）
　○「今から出張で、札幌へ行ってきます」＋飛行機の写真（SNS投稿の場合）
③読み手にしてほしいことを書く
　×「無料メルマガをやっています」
　○「無料メルマガは、下記フォームからご登録ください」

　ライティングでは「ですます調」と「だ・である調」を混ぜないという意見を見かけます。ですが、ブログやSNSでは混ざっていてもかまいません。文章の形式より分かりやすさの方がより大切なのです。

問合せしよう！

読み手を動かす文章
↓↓
分かりやすい文章

「ですます調」で揃えなくても OK ！

分かりやすい文章ポイント

① 1文に主語・述語を1つずつ記載

✗ ○○は〜〜ですけれども、△△という場合もあります。

◯ ○○は〜〜です。ですが、△△という場合もあります。

句読点で区切る！

② 何について書いているのか分かる

✗ 今から旅立ちます

◯ 今から出張で、札幌へ行ってきます

何を言ってるか分かる！

③ 相手にしてほしいことを書く

✗ 無料メルマガやっています

◯ 無料メルマガは、下記フォームからご登録ください

やることが分かる！

15

003

集客　反応　見やすさ　読みやすさ

下手な文章ってなに？

どこまで読めばいいの……

　インターネットの世界では、最後に結論が出てくる文章や抽象的で具体例のない文章は、上手とは言えません。調べ物をしたり、購入したりするような何かしらのアクションを行うためにインターネットの文章は読まれることが多いためです。

　作文は起承転結で書くと習った方も多いと思います。ですが、この流れでライティングしてしまうと、読まれません。ネットを見ている人は、0.5秒で読むか読まないか判断していると言われています。

　そんな状況を考えると、結論から先に入るPREP法（結論→理由→具体例→結論）の文章構造の方が適しています。

　例えば、ホームページで採用情報ページでの代表メッセージ。

　「当社は1895年に創業し、〇〇を専門として追求してきました。〜〜従って、〇〇の技術者を募集しています」と続く文章は良くありません。

　「現在、〇〇の技術者を募集しています。当社は〜〜」と先に結論を伝える文章の方が良い文章です。なぜなら、閲覧者が自分に興味ある内容が書いてあるかや、この職種に応募するかをすぐ判断できるからです。

　また具体例がない文章だと、ユーザーのニーズに応えていないとみなされ検索順位を上げられず、ユーザーもリアクションできないので、やはり良いライティングとは言えません。インターネットでのライティングは、何かしらの成果につながるように意識しましょう。

ネットで読まれる文章とは？

名文が書けたぞ！

・起承転結
・ふんわりした表現
・最後にやっと結論

読まれない！
0.5 秒で判断

他のページを見よう！

 採用ページの場合

採用のご案内

当社は 1895 年に創業し、〇〇を専門として追求してきました。そして、昨今、情報化に伴う環境変化のスピードは加速している状況です。そこで当社では、ダイナミックな業務拡大を行う計画を策定し…

で？どんな人を採用したいわけ？

未経験でも応募可能！
〇〇職社員を募集！

〇〇の技術者として生きる人を募集しています。
当社は 1895 年に創業し、〇〇を専門として追求してきました。昨今の情報化に伴い、業務拡大のため、未経験から人材を育成して…

結論から！
PREP 法

なるほど！

 下手な文章＝具体例のない文章

デメリット ① 検索順位が上がらない
② 読み手が反応できない ➡ 成果が出ない

004

集 客　反 応　見やすさ　**読みやすさ**

「マズイ」のは誤字・脱字より、求められている文章を書かないこと

ユーザーのことなんて
考えてなかった

　Webライティング・ネットライティングで何よりマズイことは、どの媒体でも同じ内容・文章で書くことです。ユーザーはそれぞれの媒体でそれぞれにほしい情報を得られるよう、閲覧しています。

　つまり重要なのは「相手がどんな状況で見ているか」考えそれに合わせること。

　想像してみてください。

　BtoBビジネスの場合、ホームページはパソコンから見るでしょう。Facebookを見るのは、休憩時間？　InstagramやXは、通勤電車の中で見ていることが多いですよね。YouTubeは寝る前にゴロゴロしながら見ていることもあります。

　人は状況によって、受け入れる内容が変わってきます。

　読まれるためには、相手がどんな状況で見るか？　そこに焦点を当てたライティングが必須なのです。

役立つ情報は
きっと
読んでくれる！

がんばって
たくさん書いた！

あ！
こっちの方が
おもしろそう！

読んでもらえない現実 💧

「求められている文章」
を書くことが大切！

相手がどんな状況で見ているか？

に合わせる！

仕事中
難しいけど
この情報は役立つ！

通勤中
ちょっと
ニュースでも
見ておこうかな？

休憩中
ちょっと息抜き
できるのが
いいな

くつろぎ中
難しいものなんて
みたくないよ

005

反応がないのは、嫌われている!?

せっかく書いたブログやSNSの投稿に、「いいね！」やコメントなどの反応がないのは、がっかりしますよね。さらに、いくら書いても何も反応がなかったりしたら不安になって、「やっても効果がない」とやめることを考えるかもしれません。

反応がない主な原因は、3つあります。

①読まれていない

始めたばかりでそもそも見られてない（フォロワー数やアクセス数が少ない等）。

②反応しようがない

具体的でない一般論やあまりにも理路整然とした内容で、ツッコミどころがなく面白くない。

③意味が分からない

読んでいる人に意味が伝わっていない。

インターネットの世界は膨大な量の情報が常時流れているため、ユーザーは普通の情報に反応できません。

また、やり始めてすぐに反応が来ると思ってはいけません。何度も投稿してやっと認知され、その中でたまたま興味を持った内容が目について、反応がきます。ですから、反応がなくても淡々と、あれこれ試行錯誤しながら、まずは6ヶ月、続けてみてください。

発信つづけて大丈夫！

いいね！やコメントがなくても

かまいません！

反応がない 主な原因

❶ 読まれていない

・始めたばっかり
・フォロワー数やアクセス数が少ない

表示されてない

❷ 反応しようがない

・一般論や理路整然とした内容
・ツッコミどころがない

ツッコミできない…

❸ 意味が分からない

・相手に意味が伝わっていない

「www」って何？

そういうことだったのか…

そもそも、1ヶ月で反応は来ないもの

まずは「6ヶ月」続けて発信！

006

Theme 1日目

集客 反応 見やすさ 読みやすさ

見た目が大切ってどういうこと？

画像なんて入れたことない…

　インターネットの普及で、情報の流通量が爆発的に増えました。総務省情報通信白書によると、2018〜2019年のたった1年間で、ダウンロードされた情報量は15.2％増加したとのこと。そしてその増加率は年々上がっていく傾向です。こんな世の中では、人が情報を見る時間が格段に短くなり、読みやすいものが読まれます。

　そこで、Webライティング・ネットライティングで気を付けるべき見た目のポイントをお伝えします。

①画面の右3分の1は、空白を作る

　びっちりと文字ばかりで余白がないと、見づらいため読んでもらえません。改行を使って余白を作りましょう。

②段落は空ける

　段落ごとに1行以上空けましょう。段落の始めの一字下げはしない方がネットでは読みやすくなります。

③画像を入れる

　画面を文字ばかりにしない。SNS投稿でも写真などの画像がある方が読んでもらえる確率は上がります。

　③は、正確にはライティングの分野ではありませんが、読まれるライティングでは大切なことです。

　※参考：総務省　令和2年版情報通信白書
https://www.soumu.go.jp/johotsusintokei/whitepaper/ja/r02/html/nd131110.html

ライティング 見た目ポイント

ダウンロードされた情報量

約 **20** 年で **700%** 増加

増加率は、年々
上がっていく傾向

2000 年　　　　2019 年

いちいち全部
見てられない
んだよねー！

Web ライティングで気を付けるべき見た目のポイントをお伝えします。①右3分の1は、空白を作るぴっちりと文字ばかりで余白がないと、まずは読んでもらえません。改行を使って余白を作りましょう。

1
右 1/3 は、
空白を作る

Web ライティングで気を付けるべき
見た目のポイントをお伝えします。

①右3分の1は、空白を作る
ぴっちりと文字ばかりで余白がないと、まずは
改行を使って余白を作りましょう。

2
段落は空ける

②段落は空ける
段落ごとに1行以上空けましょう。
段落の始めの一字下げはしない方がネットでは読みやすくなります。

③画像を入れる
一画面を文字ばかりにしない。
SNS 投稿でも写真などの画像がある方が
読んでもらえる確率は上がります。

画像
です

3
画像を入れる

SNS 投稿でも
写真をつける方が
良いですよ！

007

美しい文章＝集客できる とはならない

やっちまった…

　よくある美しい文章の代表は、会社ホームページのキャッチコピー。「情報イノベーションを起こす」などと冒頭にもってくるホームページをよく見かけますが、会社名や事業も分からないのに、ユーザーはなんのことかさっぱり分かりません。ここは美しいキャッチコピーより「具体的に分かる」キャチコピーをつけるべきです。

　さらに、会社案内ページ。社会情勢と絡めた代表挨拶もよく見かけますが、あまり読まれません。対面でお会いするお客様には、カジュアルに挨拶していたりするのに、ネットになると「誰が見るか分からないから」と、やたら硬くなってしまう。よくある傾向です。

　1つの大切な考え方をお伝えします。

　たとえ仕事であっても「見ている人は、たった1人」ということ。パソコンやスマホは、普通は個人で見ますよね？　複数で見ることはほぼありません。「その1人の感情をどう動かすか？」その考え方が、成功への道になります。

「具体的に分かる」ことが大切！

美しい文章が
書けたぞ！

きっとみんな
読んでくれる！

情報イノベーションを
起こす事業を。
昨今の社会環境は、情
報技術の進化が爆発的
に進み、産業革命の次
の情報革命と言える…

文字ばっかりで
読みにくいなぁ

他のページを
見よう…

具体的に
何をする会社？

文章は
かっこいい
けどね…

○○株式会社

会社案内

情報イノベーションを
巻き起こす！

数々の IT ソリューションで、
ビジネスパーソンの IT リテ
ラシーを高めていくのが、
社ミッションです。

○○株式会社

会社案内

中小企業の業務を
効率化するシステム

「顧客情報をしっかり管理し
て営業に役立てたい」そんな
言葉に答えて顧客管理システ
ムをお作りしたのが、当社の

うちの会社でも
対応してもらえそう

具体的に
書いてあって
安心だな！

Web ライティング・ネットライティングの大切な考え方！

あなたの文章を
読んでいるのは

たった **1人**

この人の感情をどう動かすか？

008

ほとんど無反応が普通？
見られてないだけ

反応なしがつらい…

　「一生懸命にライティングした！　きっと読まれるはず！」と思っても、インターネットの世界では無反応、スルーされる場合が多いです。まずは「スルーされる」というマインドで取り組んだ方が精神的負担が少なくなります。

　では、見てもらうための一番良い方法は？　と言いますと、まずは「数を増やすこと！」これしか方法がありません。

　ホームページのページ数を増やす、SNSでは投稿数を増やすです。数が増えれば、ホームページでは検索結果にプラスの影響が出てくる可能性も高くなります。SNSでは、自分の投稿が表示される数も多くなります。動画も見られることが増えてきます。

　よくあるのが「セミナー開催のお知らせを1回SNS投稿したのに、何も反応がない」とすぐ諦めてしまうケース。1回SNSに投稿しただけでは、大半の人が見ません。切り口を変えるなど工夫しながら、何回も投稿しましょう。

　数が増えてきたら、次は、タイトルや最初の1文を工夫していきます。読むか読まれないかは0.5秒。だから最初が肝心なのです。

がんばって
書いたのに、反応なし…

インターネットの世界

基本は**スルー**される！

見てもらうコツ

「**数を増やす**」こと！

セミナー
やるぞ！

ぜったい役立つ！
10万円からOK
お金の運用セミナー

告知1回

気がついてない

あちこち何回も告知

Web

BLOG

あ、こんな
セミナーが
あるんだ！

009

丁寧に書きすぎて
何言ってるか
分からない…

丁寧であればあるほど伝わらないのはなぜ？

ライティングの一番大切な役割は「相手に伝わること」です。

ただ実際には、インターネット上では、伝わらない文章が多く存在しています。その原因の第一位は、丁寧すぎる文章だと感じます。クライアントからよく聞くのは「相手を気遣って、丁寧な言葉使いで書かなければ！」という気遣いを持って書くものの、なかなか相手に伝わらないことが多いということです。

丁寧に書けば書くほど、文字数は多くなります。また、「相手にしてほしいことをストレートに伝えると失礼では？」と考え、回りくどい文章になってしまい、結論が分かりにくくなっているケースもあります。結果、その文章を読んだ相手は、何が書かれているのか分からないということになります。

例えば、「ご多忙かと存じますが、ご参加よろしくお願いいたします」を「ぜひご参加お願いいたします」とシンプルにする。

「著書を読ませていただきました」「お送りさせていただきます」このような二重敬語は避けるべきです。「著書を拝読しました」「お送りします」とすると、すぐ理解できますよね。

あなたがライティングするとき「相手は早く結論を知りたい」ということを、決して忘れないでください。丁寧すぎる文章は避けて、シンプルに伝わる文章を心がけましょう。

ライティングで一番大切！
相手に伝わる文章！

Before

丁寧な言葉で書かなきゃ！

> セミナーのご案内
>
> 暑さも本番になりまして、皆様方におかれましては、ますますご健勝のこととお喜び申し上げます。
> この度、セミナーを主催することになりまして…………
> ご多忙かと存じますが、ご参加よろしくお願いいたします。

何のセミナーなんだろう？

なんだかよく分からんなー

After

セミナーだから内容、日程は先に伝えよう

> 社長・経営者向け
> 心理的安全性セミナーご案内
>
> Z世代が戦力になる、チームが自ら成長する「心理的安全性セミナー」を2月9日（金）開催いたします。ぜひご参加ください。
>
> セミナー詳細・お申込は、以下になります。

この内容は、興味あったんだよね

ちょうどこの日空いてるから申込しよう！

忘れないで！
相手は早く結論を知りたい

それで、結論は？

010

Theme 1 1日 集客　反応　見やすさ　読みやすさ

好感度が上がる
文章ってどんなもの？

あの時、もっと感情を入れておけば…

　好感度を上げるライティングには、大きく2つの要素があります。

　1つめは、分かりやすいこと。

　2つめは、個人の感情を伝えているものです。

　「分かりやすいのは当然としても、感情を伝えるのは、好感度アップにならないのでは？」と思う方も、多いかもしれません。

　具体例を紹介します。

　もしあなたが手土産に「どら焼き」を持っていったとします。

　「わー！　このお店のどら焼き大好きなんです。嬉しい！」と言ってくれた人と「ありがとうございます」と90度のお辞儀をした人、どちらに好感を持てますか？　もちろん前者でしょう。人は、感情を見せてくれた人には、気を許して良い印象を持つ傾向があるのです。

　考えてもみてください。オフィスで仕事をしていようともパソコンの前で1人の人間がSNSやホームページを閲覧しているのです。スマホでもそうでしょう。そうだとしたら、文章で感情を伝えた方が、好感度が上がって、反応してくれる確率も多くなるのではないでしょうか？

　インターネットでのデジタル空間とはいえ、結局のところ「人と人との繋がり」。現実社会の人付き合いと基本は同じだと思っていた方が、ライティングは上手くいきます。

好感度が上がるライティング

①分かりやすい

結論から申し上げますと、〇〇です。

その理由は以下の2つです。
①ーーーーー
②ーーーーー

分かりやすい！
良い人だなー

②感情を伝える

どら焼きありがとうございました。
粒あん大好きなので、
さっそくおいしくいただきました！

良さそうな
人だな！

どら焼きありがとうございました。
お心遣いに感謝いたします。

丁寧な人
なんだけどね…

見ているのは、1人！

インターネットでも
「人と人のつながり」
を大切に！

31

SNS、YouTube、ホームページ、ブログ まずどれから手をつけたらいい？

まずは、ホームページから手をつけるのがおすすめです。
その理由は、2つ。
①ホームページは受け皿になる
②リアル集客でも役立つ
からです。

①ホームページは受け皿

ユーザーがSNSなどで、気になるサービスがあった場合「この人・会社、信頼できるかな？　仕事を依頼できる人・会社かな？」と気になります。
その時に探すのがホームページ。
きちんとしたホームページがあると、それだけで信頼性が高まります。
さらに、商品サービスがきちんと案内されている、仕事への思い入れがある、会社情報があるなど、多くの情報を伝えられるのがホームページです。多くの情報を伝えることができれば信頼のキッカケを作り、成果へつなげることができます。

②リアル集客でも役立つ

ホームページを整えておけば、周囲の人が紹介しやすくなります。
あなたも「この人・会社、こんな仕事をやってくれるよ」とおすすめの人・会社を紹介する場合、ホームページのURLをつけてSNSで投稿しませんか？
そうやって紹介しやすい状況を作るのが、ホームページなのです。

もちろん、個人事業主でBtoC事業の場合は、SNS→LINEで集客している例もあります。
ですが、会社の場合やBtoB事業の場合は、まずはホームページに力を入れるべきです。

さて、ホームページを開設した後は次は何をやればいいのでしょうか？

ネットツールは、ストック型とフロー型のツールに分かれます。
ストック型は、情報を溜めておいて、効果も持続されるもの。ホームページ、ブログ、YouTubeなどです。
これを先に仕込んでおくと、将来の成果が期待できます。
対するフロー型は、日々流れてしまうもの。
SNSやメルマガ、広告もそうですね。タイミングが合わなければ、成果につながりにくい。
フロー型ツールは、ストック型をある程度準備した後に、力を入れた方が良いです。

以前は、ホームページだけ、ブログだけのストック型ツールだけでも、集客できました。
しかし、現在は、SNSしか見ない人も多い時代。
ストック型フロー型の両方をバランス良く使うことが大切です。

第1章

これだけは知っておきたい！ Webライティング・ ネットライティングの基礎知識

インターネットで使う文章は、作文とは違うもの!?
ホームページやブログの文章作成をWebライティング、それ以外のメルマガやSNSも含めてインターネット全般で使う文章作成を「ネットライティング」と、本書では呼びます。
これらの基礎・特性をしっかり確認しておきましょう。

ウェブライティング

Web ホームページ
BLOG ブログ

ネットライティング

SNS

基礎を
押さえよう！

011

集客 反応 見やすさ **読みやすさ**

「1つの文章に1つのネタ」に絞ると良い？

うーん、さっぱり分からん…

　インターネットでは、情報が膨大に増え続けています。総務省のデータでは、2004年から2023年の約20年で約140倍にも情報量が増えているそうです。こんな情報過多の世の中、落ち着いてネットの文章を読むことは少ないかもしれません。つまり、ユーザーは「知りたい情報をはやく知りたい」ということを忘れないで下さい。読まれるためのライティングで重要なことは「1つのネタに絞る」ということです。

　例えば、下記の文章だと、どちらが続きを読みたくなりますか？

A今日は社内で写真撮影会。会社のホームページ掲載に使うのだそうです。写真撮影はみんな初めてで、緊張していて、表情がこわばって笑顔がなかなか出せませんでした。そんな私たちに、カメラマンが「〇〇と言ってください」と教えてくれました。〜〜

Bカメラマンから聞いた、緊張していても笑顔に写るコツは、「〇〇」だそうです。それをやっていたら、〜〜

　続きを読みたくなるのはBだと思います。Bは「笑顔に写るコツ」に絞られた内容です。Aは「写真撮影会」の状況を説明する文章が長すぎて興味を失ってしまうからです。

インターネットの情報流通量は
増え続けています

30.5
Tbps

ええっ！
こんなに？！

約20年で **143倍**

0.214Tbps

| 2004年 | 2023年 |

総務省 我が国の固定系ブロードバンドサービス契約者のトラヒック（推定値）
https://www.soumu.go.jp/main_content/000896195.pdf

知りたい情報だけを
知りたい状態だな…

例 **続きを読みたくなるのは、どっち？**

A	B
今日は社内で写真撮影会。会社のホームページに使うのだそうです。写真撮影はみんな初めてなので、緊張していて、表情がこわばって笑顔がなかなか出せませんでした。そんな私たちに、カメラマンが〇〇と言ってくださいと教えてくれました。〜〜	カメラマンから聞いた、緊張していても笑顔に写るコツは、「〇〇」だそうです。それをやっていたら、〜〜

続きを
読みたい！

読むのが
たいへん

へー
そうなんだ！

絞ろう！
「1つの文章に1つのネタ」で！

012

集客　反応　見やすさ　読みやすさ

「起承転結」はネットでは０点。文章の構成とは？

検索順位が上がらない…

　学校の作文では「起承転結の構成にする」と習ったことがあると思います。ですが、Webライティング・ネットライティングではふさわしくありません。Webライティング・ネットライティングでは、結論から先に入るPREP法（結論→理由→具体例→結論）の文章構成が向いています。

　さらに、「タイトルで何が書いてあるか分かるようにする」と読まれます。理由は、インターネットの特性。ホームページやブログのタイトルは、よくリンクとして表示されます。このリンクを押すか押さないか、そのタイトルだけで自分が読みたいかどうかを判断しています。タイトルに何が書いてあるか明記しておけば、リンクを押されて、とび先の文章が読まれる確率も高まります。

　そして、タイトルに具体的な単語を使っていれば、それが検索キーワードと一致します。結果、検索結果で上位表示されて、多くのユーザーに読んでもらえるというわけです。

文章の構成

✖ 起承転結 きしょうてんけつ

◯ PREP法 ぷれっぷほう

結論 ▶ 理由 ▶ 具体例 ▶ 結論

読まれるためのコツ

タイトルで何が書いてあるか分かるように！

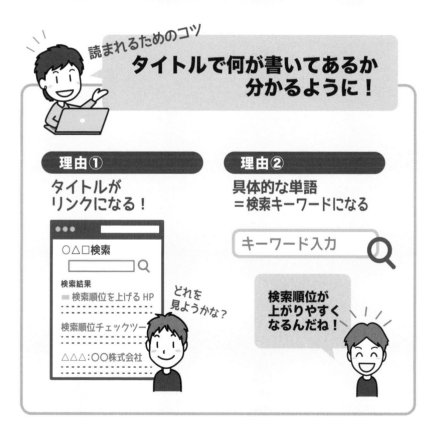

理由①

タイトルが
リンクになる！

○△□検索

検索結果
■ 検索順位を上げるHP
・・・・・・・・・・・・・・・・
検索順位チェックツー
・・・・・・・・・・・・・・・・
△△△:○○株式会社

どれを
見ようかな？

理由②

具体的な単語
＝検索キーワードになる

キーワード入力 🔍

検索順位が
上がりやすく
なるんだね！

013

ストーリーにするって言われても、どうやればいいの？

は、はずかしい…

　「印象に残る文章は、ストーリーにした方が良い」と聞いたことがあるかもしれません。ストーリーになっていると、イメージが伝わり、共感され、記憶に残りやすいためです。

　では、私たちが、どうやったら書けるのか？　一番手取り早い方法は「辛かったことを書く」ことです。

　例えば、自己紹介やプロフィールでの文章。自分が辛かった過去からそれをどう乗り越えて、今の仕事に至るのか書きましょう。こんな文章を見た人は、共感して、あなたに良い印象を抱き、記憶に残るでしょう。

　また、商品紹介。商品開発での苦難や問題を解決して発売に至った経緯。そして、これからその商品でどう世の中を変えていきたいのかを伝えた方が、確実に印象に残ります。

印象に残るにはストーリー

ストーリーなんて
むずかしいよー！

あなたの「辛かった経験」
を入れてみてください！

例 自己紹介・プロフィールの場合

実は会社を設立した直後、仕事をやめようと思った時期がありました。

お客様から面と向かって「デザインが悪い」と言われたからです。「Webデザイナーとしてやっていけないかも？会社をやめてしまおうか？」と毎日思い悩みました。

そんな時、ホームページを作ったお客様から1本の電話をいただきました。「ホームページからお客様が来るようになったよ！」と。

そうだ！それなら私は、集客につながるホームページを作っていこう！…

例 商品紹介の場合

商品を開発したばかりの頃、「これができない！」とお客様から数々のクレームをいただきました。

ですが、その改良には莫大な手間がかかることが判明。すぐ改良ができず、クレームが増える一方の社内は、暗い雰囲気が漂っていました。

ですが、お客様のために必ず改良しなければ！と決心。全社でお客様からのご意見を直視して、一つひとつ見直していきました。

その結果、お客様からご満足が得られ、「これで売上が上がったよ」と言われる商品になりました。

014

0.5秒で読むか読まれないか判断されるって本当？

ウソでしょ…

インターネットが普及した今は、膨大な情報が目の前を流れていきます。あなたはどのくらいの時間で、目の前の情報を読むか読まないか、判断しているでしょうか？　よくいわれるのは人がその判断をしているのは「0.5秒」ということです。そんなに短い時間で、情報を読むか読まないかを判断しているわけです。

あまりに短いですが、タイトルであったり、最初の1行を読んでいると考えられます。ですから、Webライティング・ネットライティングでは、タイトルや文章の入りは非常に重要です！

読まれるためには、ここに全精力を投入しても良いくらいです。そのために「惹きつける文章」の具体例をご紹介します。

①違和感を与える

「読まないでください。成功したくない人は…」

「替えの利かない人になるとだめな理由。それは…」

②結論を伝える

「集客したいなら、まずホームページ！　その理由」

「1ページごとにキーワードを設定すると、アクセス100倍も夢ではない」

③対象者を明確にする

「10人以下の税理士事務所向け。顧問料2倍への道」

「スーパーの買い物でつい余計なものを買ってしまう方へ」

読むか 読まないか 0.5秒 で判断される

⬇

タイトル・文章の入り 重要！

 最初で 惹きつけよう！

 2つとも 大事だなぁ！

① 違和感を与える

例 「替えの利かない人になるとダメな理由。それは」

例 「見ないでください。成功したくない人は」

② 結論を伝える

例 「採用はホームページが9割！その理由は？」

例 「アクセス100倍は、普通にできる」

③ 対象者を明確にする

例 「10人以下の税理士事務所向け」

例 「コンビニでつい買ってしまう方へ」

 このフレーズ 使える！

015

相手の立場になるって
言われても？
どうすれば良い？

20代の起業を考えている男性…誰？

　「相手の立場で、文章を書きましょう」と言われても、正直、どうしたら良いか分かりませんよね。これほど難しいことはないです。

　ここで、ちょっと考えを変えてみます。読む相手に「変身」してみましょう。

　例えば、ブログを書くとします。

　まずどんな人が読むのか、決めます。例えば、「ビルメンテナンス会社に勤めている36歳男性、井上昌弘さん」（勝手に名前もつけてしまいます）。その井上さんに「変身！」してみてください。

　井上さんになったあなたは、ビルメンテナンスで、設備の業者を手配するのが担当です。さっき「ビルのポンプから異常な音がしている」と電話がありました。すると「ポンプは動いているみたいだけど大丈夫かな？　そういえば、直結給水ポンプの耐用年数って何年だっけ？　修理業者を探しておくかな？」と考えることが想像できます。こんな疑問に答えられるブログだったら、井上さんは絶対読みますよね！

　「皆さん」に向けてより、あなたの作った「勝手に想像した1人」への文章の方が、はるかに具体的で、読まれる文章になります。

読む相手に変身してみる

 相手の立場になれって、言われても…

変身！

仕事はビルの管理です

ビルメンテナンス会社勤務「井上さん」36才

え？ビルのポンプから異常な音がする？

どのメーカーのポンプだろう？

あのポンプの耐用年数は？

水が出なくなったら大変だ！

ポンプ修理業者に見積依頼だ！

まずは、業者を探そう！

**自分で想像して
この人に話すように、文章を作ってみよう！**

注意 **「みんな」に向けた文章は
誰も振り向きません！**

1人へ書いた文章は、周囲の人も反応します！

 あ、私の場合は？

016

ネタなんて、
すぐに
思いつかないよ…

がーーん

1 Theme 1日 　集客　反応　見やすさ　読みやすさ

「ネタがない」を
解決する方法とは？

　実は、ネタは、あなたの周りに無限にあります。それを認識できていないだけなのです。

　ネタを自在に見つけられる近道は、毎日、SNSやブログを書くこと。「毎日書かなくては！」という必死さから、ネタ発見のアンテナがよく働くようになり、習慣化できます。

　たとえば、「今日の16時までに文章を書く」など、締め切りを明確にしてから、取り組んでみてください。その締め切り効果で、必死にネタを見つけるようになるはずです。

　最後に、締め切りまでに文章を書けたら、ご自分を褒めてください。

　Webライティング・ネットライティングは、書いて外部に公開することに意味があります。書き上げなければ公開できません。どんなに上手く書こうとしても1週間、2週間かけていたら意味がありません。文章の出来が80％だったとしても、公開すれば成功です！　他の人に見られて、成果につながる可能性が上がりますから！

ネタがないから
書けないんですよー

文章苦手だから
書きたくない…

こんな気持ちも
分かりますが…

まずは、**締め切り**を決めよう！

今日16時までに
文章書き上げよう！

ネタ発見
アンテナが
立ってますね！

ネタは自分の周りに
たくさんある！

キョロ
キョロ

締め切り効果で、
ネタが見つかる！

ネタは無限に
あるんだよねー

毎日投稿！

ブログ
公開したぞー！

えらいぞ！
自分！

公開したら
成功です！

017

事実を書いた方がウケる？

あんなことも
こんなことも
書かなきゃ損…

　当社のお客様で、「もの作りの企業のホームページは、新規のお客様からの連絡がもらえる場合が多い」とお伝えしたら、びっくりした様子で、こんなことを言われました。

　「え？　ホームページってそんなこともできるの？　ただ会社案内のパンフレットのようにあればいいかと思ってた！」

　「会社案内だけの使い方って、もったいないじゃないですか？」

　「確かに！　ネットは苦手だったけど、それならちゃんとやってみるよ」

　いかがでしょう？　上記は金型修理工場を持つお客様とホームページの打ち合わせをしていた時のものです。事実を書いただけの文章ですが、すらすら読めませんでしたか？

　文章を書こうとすると、どうしても「整えよう」という意識が先行しがちです。自分が体験した事実も、きれいな文章に整えられてしまいます。その結果、読んでいる人の印象に残らなくなります。それでは、せっかく頑張って文章を書いても、もったいないですよね。

　ブログやメルマガ、SNSだけでなく、ホームページでもこんな事実を書いた文章は、アクセントになって効果的。正直なところ、そこだけ読まれる可能性もあります。

　思い出してください。パソコンやスマホを見ている人は、ただ1人。そうであれば、相手の懐にスッと入れる文章にした方が良いですよね。相手に読まれる文章の1つの手段として「事実を書く」。ぜひ覚えておいてください。

018

機会損失こそ
ダメ！

変な文章でも
怒られないワケとは？

Theme 1日　集客　反応　見やすさ　読みやすさ

　Webライティング・ネットライティングでは、100点満点の文章を書く必要はありません。誤解を恐れず言えば、内容が大体分かればOKです。

　インターネットでは、文章は流し見されるものだからです。また、読んでいる人の頭の中では補完機能が働きますので、少々変な文章であったとしても、意味は汲み取ってくれます。

　多少、変な文章になってしまったとしてもかまわない。そんなマインドで、ライティングしてみてください。

　文章の正確さを求めて、機会を逃すことの方が大きな損失になります。例えば、X（旧Twitter）。トレンドは毎日、時間単位で、激しく変化していきます。そんな環境では、せっかくよい文章を書いても、それに時間がかかってしまって機会を逃してしまうと、多くの方の目に触れずに終わってしまいます。

　ホームページであっても、同じ。公式なものだからと文章に凝るあまり、1ページ作るのに何週間もかけていては機会損失になります。競合他社に同じような内容を先に出されてしまうと、それによって検索順位が下になってしまうことも。Webライティング・ネットライティングでは、スピードがある方が有利になります。

ライティングは、公開までの スピード重要！

 理由  **さらっとしか見られてない**

こういう
意味ね
なるほど〜

多少、変な文章でも気がつかない

 文章は、
ちゃんと正確に
時間かけて精査しないと！

数日後 ➡

あれ？
反応ない

トレンドが
終わって
しまった

競合が先に
出してる！？

 ## まず、文章を公開してみる！
こんなマインドが大切です。

019

とにかく、長い文章は嫌われる！

な、なが…

　以下の文章を読んでみてください。意味が分かりやすいのはどちらですか？

A「近頃、話題のAIですが、文章を書くのをこれに頼り切ってしまうと、間違った情報に気づかなかったりと、みんな一様な文章になってしまい、個性がなくなってしまうのではないでしょうか？」

B「近頃、話題のAI。文章を書くのをAIに頼り切ってしまうと、間違った情報をそのまま文章に使ってしまったりすることも。さらに、みんな一様な文章になってしまい、個性がなくなってしまうのではないでしょうか？」

　Aは1つの文章になっています。一方、Bは3つの文章。Bの方が意味を読み取りやすいのではないでしょうか。

　読みやすい文章にするために、下記の3つのポイントを取り入れてみましょう。

【読みやすい文章のポイント】
①「〜ですが」などで続けない：一文に1つの意味にする
②「、」「。」句読点を使う：意味を分かりやすくする
③体言止めを使う：名詞・代名詞で文末を終わらせるとアクセントになる

意味が分かりやすいのはどっち？

A

近頃、話題の AI ですが、文章を書くのをこれに頼り切ってしまうと、間違った情報に気づかなかったりと、みんな一様な文章になってしまい、個性がなくなってしまうのではないでしょうか？

長い文章だなぁ

B

近頃、話題の AI。
文章を書くのを AI に頼り切ってしまうと、間違った情報をそのまま文章に使ってしまったりすることも。
さらに、みんな一様な文章になってしまい、個性がなくなってしまうのではないでしょうか？

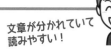
文章が分かれていて読みやすい！

読みやすい文章ポイント

❶ 「〜ですが」で続けない
▶ 1文に1つの意味にする

❷ 「、」「。」句読点を使う
▶ 意味が分かりやすいところに句点をうつ

❸ 体言止めを使う
▶ 「近頃、話題の AI。」のように名詞で止める

020

Theme 1日

集客 反応 見やすさ 読みやすさ

「 」＝カギカッコの魔法

つけるだけで
こんなに違う…

　人の言葉、商品名や代名詞などにアクセントを付けたい場合は、カギカッコを使ってみましょう。文章にアクセントが付いて、意味がより伝わりやすくなります。私はそれを「カギカッコの魔法」と読んでいます。

　実際に下記の2つの文章を読んでみると、分かると思います。

A「そこのショートカットの女性の方！」と呼びかけると、ショートカットの女性は確実に振り返ります。さらに、周囲の人もショートカットの女性を探したり反応することが多い。ですから、ライティングする際には「ターゲット」を絞った方が、読まれる確率も高まります。

Bそこのショートカットの女性の方！　と呼びかけると、ショートカットの女性は確実に振り返ります。さらに、周囲の人もショートカットの女性を探したり反応することが多い。ですから、ライティングする際にはターゲットを絞った方が、読まれる確率も高まります。

　いかがでしょう？　上記の文章は、「カギカッコ」があるかないかの違いです。人の言葉や意味を確実に伝えたい場所に、カギカッコを使うと、テンポ良く読めるのではないでしょうか。

　このように「文章が少し長くなったかな？」「これは確実に伝えたいな」と感じたときには、カギカッコを使ってみましょう。

　また、人と話した場面をライティングする際にも、もちろんその会話にはカギカッコを使ってみましょう。かなり読まれやすくなります。

「カギカッコ」の魔法を使ってみよう！

A

そこのショートカットの女性の方！と呼びかけると、ショートカットの女性は確実に振り返ります。

✖

なにやら
アクセントがない…

B

「そこのショートカットの女性の方！」と呼びかけると、ショートカットの女性は確実に振り返ります。

○

「カギカッコ」で
読みやすい！

こんなときに
「カギカッコ」を使うと
読みやすくなるんだね！

- 「文章が長い？」と感じたとき

- 「これは確実に伝えたい」とき

- 「人の会話」

「カギカッコ」
何かと便利ですよ！

021

Theme 1日

集客 反応 見やすさ 読みやすさ

「やってほしいこと」を先に書く！ が鉄則

どうすれば
いいの…？

　ホームページやブログ、SNSの場合でも、文章には、目的があるはずです。「メルマガ登録してほしい」「セミナー申込をしてほしい」「お問い合わせしてほしい」などです。このように、読んでいる相手にやってほしいことは、先に書いておくことが鉄則です。

　「それは分かっているけど、先に書いてしまうとみんなに読んでもらえないのでは？」と考える方もいると思います。ですが、「みんなに読んでもらう」のは、そもそも無理な話。興味がある方だけが読めばいいというマインドで、やってほしいことを先に書いてみてください。

　例えば、ホームページやランディングページから「セミナー申込」へ促す場合。こんな悩みを解決したいとか、そのセミナーで得られること、セミナー内容、講師の情報…などが続き、最後にセミナー申込ボタン。

　このように文章が続くと、読むのが苦痛になります。興味があった人でも、途中で離脱する人もいるでしょう。セミナー申込だけしたい方もいるので、イライラするかもしれません。こんな状況を考えると、先に「自分に必要だ！　と思ったらセミナーに来てください」と一文入れておいた方が分かりやすいと思いませんか？

　読み手の時間を大切にしましょう。それには「先に」何をすれば良いか伝えることが大切です。

いつもお世話になっております。プリズムゲートの芝田です。

最近は暑い日が続きますね。お仕事も変わらずお忙しいことと存じます。
そんな中、誠に恐縮ですが、お願いがありまして…

**私に何を
やってほしい
わけ？**

読むのに
時間かかる！

いつもお世話になっております。プリズムゲートの芝田です。

この度、お願いがありまして、ご連絡いたしました。
YouTube動画にご出演いただけませんか？
撮影は８月８日を予定して

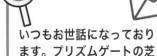

はいはい
この日に動画やれば
いいんだね！

丁寧すぎは
良くない！

相手のことを考えて
やってほしいことは先に！

ホームページや
ランディングページ

セミナー申込

最初に入れると
嫌われそう…と、
最後になると、

最初・途中にも
やって欲しいことを
入れておくんだね

読まれないです

セミナー申込フォーム

022

ホームページ、メルマガ、SNS、文章って変える必要があるの？

いつもと同じような
内容の文章を
書いていた…

　結論から先にお伝えします。ホームページ、メルマガ、SNSそれぞれで文章を変える必要はあります。私たちも状況によって、言葉遣いや態度は変えていますよね。100人を相手に講演するとき、お客様に説明するとき、家で家族に話すとき。同じであるはずはありません。

　では、どう文章を変えるのか？　それは「相手がどんな状態で読んでいるか？」に合わせます。例えば、BtoB業種のホームページやメルマガの場合。ラフすぎる文章では、仕事頭になっているときは違和感があるでしょう。ただし、仕事中はみんな忙しい。効率的に読める、整理された文章の方が好まれます。

　個人に読んでもらう場合。ホームページは仕事帰りや休み時間にスマホで見られる可能性が高いです。ですから、親しみを感じる、やさしい文章の方が読まれるでしょう。SNSの場合は、プライベートな時間で、読み手の頭もお休みモードの場合が多いです。分かりやすく短めに、親しみをもたれる少しラフな文章の方が、好ましく思われるでしょう。

　このように、ホームページ・メルマガ・SNSでは、それぞれ読まれる状況に合わせた文章を意識することが大切です。

ホームページ、メルマガ、SNS

見ている相手に、文章も合わせる

ホームページ

- 法人向け → 仕事中です
- 個人向け → 仕事帰り 休み時間

ブログ・メルマガ

- 法人向け → 仕事中
- 個人向け → 仕事帰り 休み時間

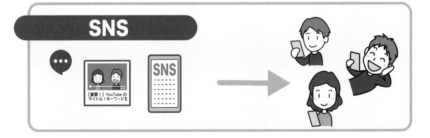

SNS

あなたは、こんな状況のとき、
どんな文章が読みたくなりますか？

023

Theme 1日

実践 **反応** 見やすさ 読みやすさ

「何かございましたら」と書いても何もない。その対策は？

な、なにもおこらない…

　ホームページやメール、SNSの告知投稿で、よくある一文。

「何かございましたら、ご連絡ください」

　ビジネスメールでの最後の文句でもよく使われますが、これで、連絡が来ることはほとんどありませんよね。なぜ反応が薄いのか分かりますか？　原因は「何か」が、相手の頭の中でイメージできないことです。

　具体的にイメージできないと、人は行動に移せません。

　でもせっかく書いたSNSやホームページ。コメントやお問い合わせが欲しいところですよね？　それでしたら、具体的なイメージで伝えてみましょう。

【例】

「お見積は当社へお問い合わせください。ヒアリングの上、無料でお見積。相見積も当然承ります」

「もっと便利な使い方を知りたい方は、この動画をご覧ください」

「YouTube動画はやったことがないけど興味がある方。こちらをチェック！」

何かございましたら、
ご連絡ください。

 どうすれば
いいんだろう

具体的にイメージできない

 まず、このフレーズは使わない！

「何かありましたら…」をやめる！

具体的なイメージを伝える

 お見積は当社へお問い合わせください。
無料でお見積。相見積も当然承ります。

 もっと便利な使い方を知りたい方は、
この動画をご覧ください。

 YouTube 動画はやったことがないけど興味がある方。
こちらをチェック！

 なるほど！

具体的に伝えると
相手は反応しやすく
なります！

024

Theme 1日

見やすさ 読みやすさ

困ったら
箇条書きを使え！

いつのまにか長ったらしい文章に…

　Webライティング・ネットライティングでは「箇条書き」を使いましょう。箇条書きとは、以下のような文章形式です。

【ライティングのチェックポイント】
①先に結論がある？
　結論や閲覧者にしてほしいこと、そのページに記載している内容が把握できる見出しができているかを確認。
②句読点の位置は適正？
　句読点の位置で、文書の意味が変わる場合もあります。意図した内容に伝わっているかチェックしましょう。
③文字間違い
　すぐ修正できるとはいえ、文字間違いがあると内容の信頼性が落ちます。もう一度、文章を読み直して、間違いがないか確認すべきです。

　すべての文章を読まなくても、①②③はぱっと見で把握できるので、意味を受け取りやすくなります。さらに、スペースができて、その分、文章が読みやすくなります。

　実際にライティングしていると、箇条書きを使うのを忘れることがあります。「ちょっと長い文章になったかな？」と感じたときは、箇条書きを思い出してください。Webライティング・ネットライティングでは、文章作成を続ければ続けるほど、読み手の集中力がなくなって、理解力が落ちるということをお忘れなく！

長文は、百害あって一理なし

「箇条書き」を使おう！

箇条書きの例文

＜集客できる士業ホームページ３つのポイント＞

①顔出し必須

士業のサービスは、対応する先生その人です。プロフィール写真など、顔が分かる写真は必ず入れましょう。

②各サービス紹介ページ

サービス一覧でまとめてはいけません。各サービスを紹介する詳細ページを作成することが大切です。

③料金はサービス紹介とともに

料金表としてまとめてはいけません。閲覧者に探す手間をかけて、印象が悪くなります。サービス紹介は料金もセットです。

細かい説明は、
箇条書きの下に加えると
分かりやすい

注意！

文章が長くなるほど、読まれなくなる

025

1回書いて終わってた…

回数で上達するもの？

ライティングは、回数を重ねるほど上達します。さらに、書く内容もいろいろ出てくるようになります。そのうち「文章を書く前に、各内容の項目だけメモしておこう」など、自分なりのやり方を身につけて、さらにスムーズに文章を書けるようになります。そうなると、楽しくなってきます。

まさに、私がそうでした。本を書いているからといって、文章が得意だったわけではありません。むしろ面倒だし、できればやりたくないと思っていたほど。それが毎日、ホームページの文章を書いたり、SNSを投稿したりしていくうちに、自然に書けるようになってきました。

「好きこそ物の上手なれ」という言葉がありますが、好きで楽しめることは「自分ができること」ではありませんか？　できるようになると、楽しくなって、さらにやるから上手になる。反対に、できないことは、回数をやらないから上手にはなれない。

まずは毎日、SNSやブログを書いてみる。最初、反応はないかもしれません。ですが、続けていくうちに上達して、コメントなど反応が出てきたりします。それがまた励みになって、続ける意欲になる。そのうち、文章書くのが苦しいものでなくなって、慣れて書きやすくなってくるのです。

断言！

文章が苦手でも
回数を重ねると、上達できる！

 え、そうなの？

ただし、
最初がいちばん
キツイです

 慣れてないから

 うーん

締め切りが…
がんばらねば！

**毎日、
書いてみよう！**

 ネタは
メモ！

**文章力もアップ
した気がする！**

 すらすら
書けるように
なってきた！

慣れだ！

慣れる ▶ **できる** ▶ **楽しい** ▶  ライティング
上達！

SNS投稿の冒頭で迷ったら、これやってみ！

SNS投稿しようとすると、「あれ？　ネタが何も出てこない！」
何やら頭が停止して、文章が書けない。こんなことは、良くあります。
　こんな時は、投稿を読んでほしい相手を設定します。おすすめは、最近お会いした人や
お客様です。

　例えば、私の場合。
　先日お会いした経営コンサルタント。60歳くらいの男性で同席した飲み会で
「世の中のためにあれもこれもやりたい」と、活力ある方でした。

　私はこんな方が好きです。しかし、もったいないことに、場が盛り上がっていませんで
した。オヤジギャグも世代が違うため周りに理解されず不発でした。
　私はシンプルに笑顔がもっと自然にでていれば違う結果になったのではないか？
　そして、若者の世代が分かる言葉を使っておやじギャグを飛ばせば、親近感が湧いたの
にと思いました。
　そこで、「この方の魅力がもっといろんな人に伝わるためには、どういう提案をすれば
よいのか？」と考えブログ投稿しました。

　シニア年代の方へ。
　笑顔って大事ですよね？
　ホームページの写真も、笑顔が大事！
　やっぱり無理して笑わないと、笑顔に見えない。
　悲しいかな、地球には重力があるんですよー😦
　自分の笑顔、たまに鏡でチェックしてするのオススメ！
　オヤジギャグも堂々とやり続ければ、もはや個性！
　どうぞ頑張って下さい。生暖かく見守ります。

　ネットでは、
　相手の知りたい言葉を使うことが大切！
　自分の伝えたい言葉をそのまま伝えても、誰も見てくれないことが多いのです。
　まずはラッコキーワードで、自分の伝えたい内容のキーワードを調べてみよう！

　いかがでしょう？　少々、失礼な部分はあるかもしれません笑
　ただ「あの方へ」と投稿を書く相手を決めると、かなり書きやすくなりませんか？
　SNS投稿の冒頭で迷ったら、ぜひやってみて下さいね！

「第2章」
これだけ押さえれば大丈夫！成果の受け皿！ホームページ文章

ホームページの文章を書くことを「Webライティング」といいます。広告やSNS、人の紹介であろうと、最終的にホームページが見られ、その会社に連絡するかどうかの判断がされます。つまりは受け皿なのです。Webライティングの巧拙で、成果が変わってきます。

026

成果が出るかどうかは ホームページの 文章次第って本当？

そんなに重要だったか…

がーーん

　新しいホームページができると、気分が盛り上がります。「こんな素敵な見た目になったのだから、きっと問い合わせが増えるだろう」と期待も膨らみます。しかし見た目が綺麗なホームページでも、成果が出ない場合があります。

　その原因は、ホームページの文章です。要するにWebライティングがきちんとできていない場合です。

　Webライティングができないと下記の影響がでます。

①検索されない

　多くが検索サイトからホームページにやってきます。ですが、ホームページ文章の巧拙によって、検索結果に表示されない、あるいは検索上位にならない場合があります。その結果、ホームページへの訪問者が来ず、見てもらえないという状態になります。

②成果が出ない

　ホームページからの問い合わせや購買などの成果は、ホームページに掲載する文章次第です。目を引くのは見た目のデザインですが、その後、問い合わせするかしないかは、掲載されている文章を読んで判断します。その内容が分かりにくい、読みにくい。そして知りたい情報が書いていない。こんな状況では、誰も商品を購入したり問い合わせしたりできません。

Web ライティングの巧拙によって成果が変わるのは本当！

きれいな
ホームページ
できた！

きっと成果も！
わくわく

数ヶ月後

あれ？
なんで何も
反応ないの!?

アクセス数が
ぜんぜん
伸びない！

Web ライティングができないと…

ショック！
そうだったんだ！

①検索されない

○△□検索

検索結果
検索順位を上げる HP
検索順位チェックツール

検索順位を決めるのが
Web ライティング！

検索サイトから
見つけやすくしないと
アクセス数が伸びません

②成果が出ない

税理士事務所 無料相談
生前贈与・相続に強い
税理士
お気軽に無料相談へ

○○株式
社長プロ

○○株式会社
実績一覧
○○業の△△対応（横浜市西区）
○○業の△△対応（東京都大田区）
○○業の△△対応（東京都港区）

ここ
良さそう！

ホームページ文章で
判断される！

この章で Web ライティングを身につけましょう！

027

ホームページも0.5秒で読むか読まないか決められる

一瞬じゃないか…

　人は、自分が求める情報が書いてありそうだと思ったら、そのページを読み始めます。何か違うと思ったら、すぐ他のホームページへ行ってしまう。その判断する時間は、たった「0.5秒」だと言われています。

　ですから「読まれるために、最初に何を書くか？」これに全精力をかけることをおすすめします。ホームページが読まれるためには、

・結論を先に書いて「どんなことが書いてあるか」予告する。
　閲覧者が自分に必要か必要でないか、すぐ判断ができますよね。
・ホームページの「対象者」を伝える。
　これも閲覧者にとって自分に合う内容かすぐ分かります。
・少し高度ですが、「あれ？」と閲覧者が興味を持つことを入れる、という方法もあります。

　そして一番やってはいけないのが、「○○について」と、長い説明から始めること。ホームページも最初の一文を意識しましょう。

ホームページも 読むか 読まないか 0.5秒 で判断される

そもそも文章は読んでくれない！

では？

読んでもらうために **最初に何を書く？**

結論を先に書く

薬を飲む正しいタイミング
「食間」は、食後約2時間
です。薬剤師より

そうだったのか?!
読まなきゃ!

ホームページのアクセス数
が伸びない原因 TOP5！
アクセス100倍の可能性！

何が書いてあるか
分かると、読んで
くれるんだね！

対象者を先に書く

顧問先を増やしたい税理士
事務所のための
経営診断システム

BtoB 向け研修を伸ばした
い講師向けのプロフィール
講座

「自分のことだ」と
思うくらい具体的に
した方が良さそう！

「〇〇について」
説明を
たくさん入れよう！

この文章はこうした方が？
ああした方が？

最初が大事！

028

ふんわりした内容は、アクセス増も集客もできない

やってしまった…

　ホームページの文章では「実際にどんなことをしているのか？」など事細かく書けば書くほど、成果につながります。

　ふんわり内容でよくあるのが、サービスを伝えるページ。
　特に、提供サービスの項目一覧が表示されているのみになっているケースが多いです。サービスの項目名だけ並べられても、「これをやってもらいたい！」と依頼する気持ちにはならないですよね。
　さらに、項目名だけしか書いてないページは、検索上位にもなりません。提供サービスの項目一覧からリンクをさせて、各サービスの詳細をお伝えするページを作りましょう。そうすると、アクセス数も上がり集客につながる可能性が出てきます。

　あなたのホームページを見る人は、こう考えています。
　「興味があることは、詳しく知りたい。でも興味がないことは、見たくはない」
　興味を引く一文と詳しい内容、この両立が必要なのがWebライティングなのです。

ホームページを見る人の特徴

押さえておこう！

興味がないこと	▶ 見たくない
興味があること	▶ 詳しく知りたい！

興味がある人に **詳しく書くこと** で、成果につながる

企業研修
あらゆる企業研修の実施
…………………………
…………………………

事業者・中小企業に向けて、税務顧問を行います。
…………………………
…………………………

企業研修

・経営幹部向け財務研修
…………………………
………………… 詳しくは…>
・リーダー研修
…………………………
………………… 詳しくは…>
・新入社員マナー研修
…………………………
………………… 詳しくは…>

事業者・中小企業に向けて、税務顧問

・記帳代行
…………………………
………………… 詳しくは…>
・給与計算
…………………………
………………… 詳しくは…>
・月次決算
…………………………
………………… 詳しくは…>

注意 ふんわりした内容は、検索キーワードが文章中に入らない

＝アクセスが少なくなる！

困る！

029

1ページごとにキーワードを決める理由とは？

やみくもダメ？

　1ページごとにキーワードを決める理由は、「Googleが1ページずつ見ているから」です。ホームページの奥の方の、人間の目には見つけにくい目立たないページでも、Googleは探して見つけ出しています。

　その結果、検索されたキーワードによって、検索結果に対応するページのURLを表示します。ですから、あなたのホームページの最初のページ、トップページから人は見ているわけではありません。実は、1年前に書いたブログの1記事から入ってきたり、会社案内ページから入ってきたりする場合もあります。

※このような入口ページは、アクセス集計を見ればすぐ分かります

　ですから、1ページごとに検索上位にさせたいキーワードを決めてライティングした方が、検索順位が上がって、訪問者が多くなる可能性が高くなります。

　もちろん、Google検索は常に進化しているので、1ページだけを見て検索順位を判断しているわけではありません。今では、ホームページ内のページの繋がりや掲載内容までも見て、複合的に検索順位を決定しています。ですが、それでも、ページごとにキーワードを決めた方が、文章の内容も分かりやすくなり、検索上位に表示されやすくなります。キーワードがある方が構成内容も決まって、ライティングもしやすくなります。

1ページごとに
キーワードを
決めるんだね！

 理由

検索サイト Google は
1ページずつ見ている！！

ユーザーはトップページから見ていない

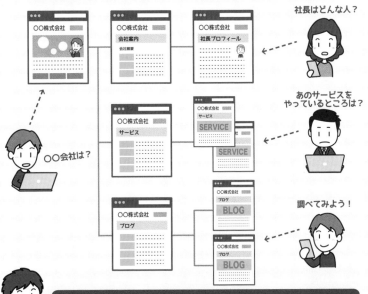

社長はどんな人？

あのサービスを
やっているところは？

〇〇会社は？

調べてみよう！

ページごとに、キーワードを決めて
タイトル・文章に入れましょう！

キーワードを
決めた方が

ライティングも
しやすいね

030

Theme 1日

集客　反応　見やすさ　読みやすさ

使うキーワードは
どうやって決める？

見込客のことを
考えるとは…

　Webライティングでは、文章中で使うキーワードを決めることが一番重要です。

　キーワードを決めないままライティングしてしまうと、検索結果で表示されないページになってしまうこともあります。

　実は、次のようなことがよくあります。行政書事務所の場合、「『行政書士事務所』というキーワードで検索上位にしたい」と頑張っても、成果が出ないことがあります。なぜなら実際に見込客は「会社設立」や「道路許可」など具体的なキーワードを組み合わせて検索しているからです。

　つまり、ホームページを見てもらうためには、まず、見込客がどんな検索キーワードを使っているのか把握する。その上で、そのキーワードを使ったタイトルや文章をライティングすることが必要です。

　では、使われている検索キーワードを調べるにはどうするか？

　それは「関連キーワード取得ツール」を使います。代表的なのは「ラッコキーワード」。このようなツールで思いついたキーワードが実際に使われているか確認した上で、ライティングで使うキーワードを選定してください。

使われている検索キーワードを調べる

関連キーワード取得ツール
「ラッコキーワード」
を使おう！

失敗例

キーワードを使ったのに
全然アクセス数が
上がらない…

使われていない
キーワードは

意味 ❌ なし！

よくあるキーワードの誤解

行政書士で
上位に
するぞ！

行政書士事務所 無料相談

建設業・福祉業に強い
行政書士

お気軽に無料相談へ

アクセス数が
伸びない！！

どうして？

実は…

「道路使用
許可〇〇」
で検索！

「会社設立
〇〇〇〇」
で検索！

見込み客が使うキーワードを
しっかり調べよう！！

031

Theme 1 日　集客　反応　見やすさ　読みやすさ

美しいキャッチコピーが役に立たないのはなぜ？

英語のキャッチコピーにしてた…

　「もの作りで未来を作る」このようなキャッチコピーがあると、何だかホームページも格好よく感じますよね。ですが、中小企業のホームページでは、あまり役に立ちません。

　その理由は、よく分からないから。

　そもそも中小企業は、社名はもちろん、どんな事業をしているのか知られていません。ですから、ホームページのキャッチコピーは、具体的に分かるものにしましょう。キャッチコピーから、どんな事業をしているのか、相手に理解してもらうのがベストです。例えば、「明日のもの作りを支える」というキャッチコピーはやめて、「金型修理、レーザー溶接」とストレートに最初から表示しておく。すると、パッと見で、何をしてくれる会社か分かるので、金型修理業者を求めている方は、次へ読み進められます。結果、お問い合わせへつながるのです。

このキャッチコピー
かっこいい!

ダメー

もの作りで
未来を作る

中小企業は
**具体的に
分かる**
ものにしよう!

理由

よく分からないから!

→分からないと他のホームページに
　行かれてしまう!

何してる
会社?
次行こう

やっぱ英語が
かっこいいよねー

NEXT innovation

top　about　service

日本人が
ターゲットなら、
英語はやめよう!

金型修理・
レーザー溶接

相談専門
税理士

キャッチコピーは
具体的に!

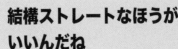

**結構ストレートなほうが
いいんだね**

032

Theme 1日　集客　反応　見やすさ　読みやすさ

まずベネフィットを
伝えると良い？

商品の内容を
説明するだけに
なっていた…

　商品やサービスの紹介ページ、セミナー申込など読み手に行動させたいときのライティングでは、最初の部分でベネフィットを伝えましょう。

　「お客様はドリルが欲しいのではない。ドリルの穴が欲しいのだ」という有名な言葉があります。ドリルを購入するとき、そのドリル自体が欲しいのでしょうか？　いえ、新品のドリルを眺めて満足している人は、まずいないでしょう。ドリルが欲しい人は、ドリルで穴を開けたい人ですよね。従って、「ドリルの穴」が本当に求めているもの、ベネフィットになります。

　「商品から何を得られるか？」これがベネフィットです。

　Webライティングをしていると気づかぬうちに、説明しがちになります。そんなときは「まずは相手へのベネフィット」を思い出してください。

まずベネフィットを伝える

ベネフィット

＝

何を得られるか？

お客様はドリルが欲しいのではない。
ドリルの穴が欲しいのだ。

穴を開けたいん
だよね～！

どちらが買いたくなりますか？

うちの商品は、こんな
こともあんなこともで
きます。しかも高品質
なんです！

なんか
イヤだなぁ…

うちの商品を使うと、
客単価が 1.5 倍に
なります

え？
そうなの？

033

Theme 1日 集客 反応 見やすさ 読みやすさ

さらさらと文章を書くには、まず準備

いきなり取り組んでた…
がーーん

　本書を読んでいる方は、きっと「文章をさらさら書けたらいいなぁ」と思っていることでしょう。この節では、文章をさらさらと早く書くコツをお伝えします。

　さらさらと文章を書くには、文章を書く前の「準備」が大切！

　何を書こうか、どんな締めにするか、いろいろ一気に考えていると、ライティングは進みません。人間の頭はそんなに複数の処理はできないものです。

　まずは「書く項目をメモする」ことから始めましょう。5分ほど使って、最後の締めまで項目だけをメモしてしまいましょう。そうすることで、文章が格段に書きやすくなります。内容があっちにいったり、こっちにいったりせず、ちゃんと流れに沿ったものになるので安心です。

　次に、資料が必要であれば、資料の準備。

　最後に、文章を書きます。メモした項目を見ながら、集めた資料を入れていきましょう。準備をしてあるので、いつもよりさらさら書けるはずです。

　実は、Webライティングでは、見出しを入れて文章を書くことが多いのです。「項目＝見出し」作成に慣れておくと、見出しも作りやすくなり、一石二鳥です。

さらさら文章を書くには まず 準備！

 いきなりパソコンに向かう

ライティングしよう

1時間後 →

うかばない…♪

まっしろ

書く「項目」をメモする

例 【タイトル】
手書き領収書でも OK！インボイス対応かどうかの見分け方

・そもそもインボイスとは？
　適格請求書、売手が買手に正確な適用税率や消費税額等を伝える
　2023 年 10 月〜

・手書き領収書でもインボイス対応可能？
　可能、決まっている項目があれば OK

メモ
メモ

・インボイス対応項目
　9 項目　①店名②日付③内容④税抜額⑤名前⑥税率⑦税額
　⑧登録番号⑨総額

・インボイス対応してない領収書はどうなる？
　仕入税額控除が受けられない、経過措置がある

・自分で判断がつかない場合は？
　顧問税理士へ　不安がある場合は当事務所の無料相談

 ♪ 資料をつけたして
パソコンに向かってライティング

034

Theme 1日

集客　反応　見やすさ　読みやすさ

商品・サービスの紹介で、差別化させたい場合は？

サービス内容ばかり書いていた！

　「事業内容」や「サービス紹介」のページでよくみかけるのは、「〇〇サービスとは、〜〜」と説明が始まり、次にその商品の内容や仕様、そして価格が記載されていることです。商品・サービスページに情報は埋まりますが、「これ良いかも！」とユーザーが思ってくれるでしょうか？　残念ながら、特別な技術や企画でもない限り、この時代においてはなかなか他社の商品やサービスとは差別化ができません。

　では、何を書くべきか？　キーワードは「きっかけと理由」です。「この商品を売ろうとおもったきっかけ」「このサービスをやろうと思った理由」を、商品・サービス紹介コーナーの文章に入れましょう。これを入れると、他社で同じ商品やサービスがあったとしても、「あなただけの商品・サービス」になります。そうして他社商品・サービスとの差別化ができます。

　実は、「ここで買う理由」をユーザーは常に探しています。その答えとなるのが「きっかけと理由」です。単なる商品より、作り手の思い入れがある商品を買いたくなりますよね。ですから、商品説明だけでなく「きっかけと理由」を入れてみてください。

差別化したい場合は？

「手帳とペンはセットなのに、カバンの中でバラバラになる。もっとスマートな収納方法はないものか？」

そんな想いから、当社のペンケースは始まりました。ビジネスで使うなら、手帳をとめるバンドのようなペンケースでなく、お客様の前に出したときに、知性や機能性を感じさせるものでなくてはならない。あらゆるデザイン・素材で、数十もの試作品を作り、2年間かけて決定した製品です。

へぇ〜

こんな
思い入れある
商品なんだね
良さそう！

きっかけ・理由を入れる！

○○株式会社

○○サービス

あなたにこんなことをもたらします

・これがあれば時短かっ!!

・この商品を扱う理由

・商品内容・仕入れ

```
ベネフィット
  ↓
きっかけ・理由
  ↓
商品内容・仕様
  ↓
価格・申込
```

差別化したいなら
きっかけ・理由を
入れてみて！

忘れずに！

あなた
から

お客様は 買う理由を探している

035

集客　反応　見やすさ　読みやすさ

社長挨拶・メッセージは、何を書けば？想いってなに？

頭がまっしろ…

　会社ホームページでの会社案内や社長挨拶は、2、3番目に多く見られるページです。社長挨拶・メッセージは、初対面のお客様に対面したときに「話す内容」がおすすめです。世の社長さんたちは、話すのは得意でも、文章になるといきなりカチンコチンになる場合が多いのです。ですから、話し言葉の文章にしましょう。

　では社長挨拶・メッセージは、何を伝えるのか？　それは、以下の内容です。

①事業をやることになったきっかけ
②なぜこの会社・事業を続けているのか
③自社商品・サービスでお客様にどうなってほしいのか
④そのために何をしているのか
⑤今後、どんな会社にしたいのか

　上記の内容によって、社長の事業への想いを表現できます。よく「想いを伝えましょう」といわれることがありますが、それは、具体的には上記の内容になります。

会社ホームページで
「会社案内・社長挨拶」
多く見られている！

例

こんな
内容を
入れよう

代表メッセージ

100年以上住める
高品質な家で
子ども世代の環境を守りたい

大学を卒業し、父親がやっていた工務店にそのまま入社してなんとなく働いていたときのこと。お客様から言われました。「かっこいいから吹き抜けを作ってもらったけど、家が寒くて暖房費がかかる」

お客様の思い通りの家を作ったつもりが、ご不便をかけてしまっていた。家は長く住むもの。家作りのプロとして、住まい手の将来まで考えるべきだったと、自分の仕事の重要さに気付きました。

それ以来、住みやすい家作りのために、耐震や断熱、施工、メンテナンスまであらゆる技術向上につとめてきました。そのため当社の家は、建売住宅より価格が高い。その反面、長い目で見れば、光熱費やメンテナンス費が低くなる。日本の通常30年しか持たない家と比較すると、全体費用は安価になります。さらに、環境負荷も低くなります。

これからも私たちは、家作りのプロとして高品質な家を作り、子ども世代に環境を保った上で引き継ぐ。そんな工務店であろうと、日々努力しております。

036

「見込客」にも「採用」にも役立つ社員紹介文なんてできるの？

趣味ってそんなに
大切だったか…

　社員紹介ページは、BtoBの業種であっても、よく見られるページです。実際に仕事を依頼すると「どんな人が担当になるのか気になる」というのが、人の気持ちだからでしょう。また採用を行なっている場合は、社員紹介は特に重要なページです。今の若者が重視しているのは、職場環境。その環境を形成するのは、先輩社員だからです。

　以上のことから、特に中小企業の場合は、絶対に入れたい項目が社員紹介なのです。ただ、各社員にコメントを求めても、なかなか書いてもらえなかったり、内容がバラバラになってしまうことがあります。そこで、以下の項目で書いてもらうと、見込客にも採用にも役立つ社員紹介になります。

・担当者の仕事
・入社した当初の仕事
・これからどんな仕事をしていきたいか
・趣味や出身（プライベート要素）

　趣味や出身は、不要と思われる方もいるかもしれません。ですが、趣味や出身でお客様との会話が盛り上がったりします。やはり、相手はビジネスでホームページを見ているとはいえ、一人の人間。少々親しみを感じる内容を入れたほうが、読んでもらえます。

社員紹介は見られる！

どんな人が
担当して
くれる？

お客様

どんな人がいる
会社なんだろう？

求人

BtoB
でも！

社員紹介ページは
よく見られるページです

社員紹介　＜お客様・採用にも！＞

○○会社　社員紹介

○○部○○担当
芝田　太郎

・担当の仕事
　お客様の対応が迅速に
　できるよう、スタッフ配置・教育

・入社時の仕事
　窓口対応で、お客様の対応で
　毎日ダッシュしてました。

・今後「ここに依頼してよかった！」
　と言ってもらえる会社にしたい
　です。

・出身・趣味
　神戸市・タイガースファン！

- **・担当の仕事**

- **・入社したばかりの仕事**

- **・これからどんな仕事を
していきたいか**

- **・出身や趣味**

お客様との
会話ネタにも
なります

**プライベート要素も入れると
ビジネスにも採用にも役立ちます！**

037

文章中のリンクの方が、クリックされやすいって本当？

リンクのつけ方が
適当だった…

　Webライティングと、通常の文章との違いは「リンク」があることです。ホームページを見ると、あらゆる箇所にリンクがついています。文章の最後に「詳しくはこちら」というリンクがあったり、バナーなどの画像にリンクがついていたりします。ユーザーの利便性を良くしたり、見て欲しいページへ誘導したりするために、意図的にリンクを使うことができます。

　Webライティングでは、このリンクにも気を遣う必要があります。文章で使っている単語を説明するページが別にある場合は、もっと詳しく知りたいユーザーのためにリンクを入れましょう。また、関連する自社サービスがある場合は、そのページへのリンクを入れたりします。

　Webライティングでのリンクのつけ方のコツを3つお伝えします。

①文章中の単語にリンクをつける
　実はバナー画像より、文章中のリンクの方がクリックされます。
②「固有名詞＋詳細はこちら」の文字リンクにする
　「詳しくはこちら」でなく「○○の詳細はこちら」とする。
③関連する商品・サービスへのリンクをつける
　関連する自社サービスを見てもらう導線にする。

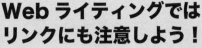

**Webライティングでは
リンクにも注意しよう！**

詳しく
知りたい！

見せたい
ページに
誘導

リンクで
誘導できる！

詳しく
書いてある

役立つ情報ページ

○○申請の方法

専門家に依頼

当社
サービス

リンク

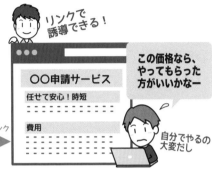

○○申請サービス

任せて安心！時短

費用

この価格なら、
やってもらった
方がいいかなー

自分でやるの
大変だし

リンクのつけ方　3つのコツ

① 文章中の単語にリンクをつける

Webライティングとは ＞

Web
ライティング

文章中のリンクは
クリックされやすい

② 「固有名詞＋詳細はこちら」の文字リンクにする

✖ 詳しくはこちら

○ △△サービスの詳細はこちら

③ 関連する商品・サービスのリンクをつける

役立つネタ

関連サービス

リンク

関連サービス
ページ

自社サービスの
ページに誘導！

038

① Theme 日 集客 反応 見やすさ 読みやすさ

文章チェックは、相手の立場になり切ってみる

誤字・脱字が多すぎ…

　よいWebライティングをすると「ホームページから購入されたり、連絡がきたりする」アクションがおきます。

　だからこそ自分のWebライティングがいいのかどうか、チェックをしないと不安ですよね。この節では、文章のチェック方法をまとめてお伝えします。そのポイントは、「相手になり切ってみる」ことです。まず、周囲に実在するあなたのターゲットに近い友人やお客様を思い浮かべると良いでしょう。その人になり切ってみてください。

【文章チェック項目】

①タイトル

　・自分が対象だと分かりますか？

　・この文章を読むと何が書いてあるのか分かりますか？

　・興味をひく言葉が入っていますか？

②各見出し

　・見出しだけで、その段落の内容が予想できますか？

　・知りたい情報に漏れはありませんか？

③文章

　・句読点は意味が分かる場所についてますか？

　・文章が長くて、意味が読み取りにくい箇所はないですか？

④リンク

　・関連する商品、詳細へのリンクは設定されてますか？

　・「詳しくはこちら」とだけになっていませんか？

⑥文字まちがい

　・タイプミス、抜け文字、漢字変換の間違いはありませんか？

文章に
正解はない！

**チェックするときは ...
「相手になりきってみる」**

1 タイトル

✖ ○○の特長について

◯ 士業ホームページを
営業マンにする！

2 各見出し

✖ お客様の声 ○○様

◯ 半年で売上2割増に！

3 文章

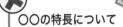

✖ Webライティングの正解
はお客様の反応以外にない
ものです。良いか悪いかの
検討に時間をかけるより公
開して反応を見ること…

◯ Webライティングの正解
は、お客様の反応以外にな
いものです。良いか悪いか
の検討に時間をかけるよ
り、公開して反応を見るこ

4 リンク

✖ 詳しくはこちら

◯ 商品○○仕様 >

**5 文字
まちがい**

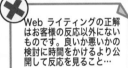

✖ 資格で、一番人が影響を受
けるのは色と言われていま
す。。例えばトイレの男女
表示マーク。これを色だけ
変えてしまうと…

◯ 視覚で、一番人が影響を受
けるは色と言われていま
す。例えばトイレの男女表
示マーク。これを色だけ反
対に変えてしまうと…

039

ホームページでも話し言葉は ちょうど良い？

固すぎたかな…

　ホームページでの文章の雰囲気。

　どのくらいにすれば良いか、悩まれる方も多いかと思います。

　難しいことは考えず、「対面のお客様に話している内容」をそのまま文章にしましょう。話すのが得意な方は、ボイスレコーダーで録音して、それを文章にしてみる。その上で、意味が通るよう文法を確認して調整。

　次に「38文章チェックは、相手の立場になり切ってみる」で書いた「文章チェック項目」でチェックしてみてください。

　ただ、BtoCの企業だからと、お客様との距離を縮めようと絵文字の顔やハートを入れすぎる文章は、商品・サービスの信頼性を損なう恐れがあります。ブログ記事中では構いませんが、ホームページで絵文字を使うことは避けましょう。

うーん…

ごあいさつ
みなさまにおかれまし
ては、当社 Web サイト
をご高覧下さり…

文章を書くとどうしても
固くなってしまう

自分でも
分かってるけど…

ホームページの文章は、話し言葉で！
ビジネスミーティングの言葉使いで OK!

この度はご来社
ありがとう
ございます

当社は「シンプルで使いやすく」
という方針で商品設計しています
具体的には…

そうなのね！

ホームページ ＝ 1 対 1 のミーティング

ホームページは
1 人で見るもの
ですから！

録音してから
文章にする方法も
アリだな…

丁寧すぎる
言葉使いは
避けましょう！

040

文章は見た目！ スマホで チェックしてみよう

スマホで見づらい

　このネット時代「文章は見た目」と言っても過言ではありません。この見た目が悪いために読まれないのは、最大の機会損失です。いくら内容が良くても、いくら一生懸命にライティングしても、読まれなくては価値がゼロになるのです。

　多くの方がパソコンを使っていると思いますが、閲覧者は、BtoB向けの業種でも50％くらいがスマホで見ています。スマホになると、画面の横幅がパソコンの4分の1程度に狭くなります。

　あなたが書いた文章をスマホと同じ幅に、狭めてみてください。どうでしょう？　文章ばかり並んで、4倍くらい下に伸びると思います。改行を入れないと、本当に読みにくいですよね。

　では、そのスマホ幅で、自分の文章をチェックしてみましょう。
・見出しなどでアクセントがついているか
・文字ばかりで読みにくいところはないか
・段落と段落の間は1行以上開いているか

　文章ばかりのところには、その内容に合う画像や図を入れることをおすすめします。格段に分かりやすくなります。

文章は、見た目！

Q どっちが読みたくなる？

A

ただ今 4 冊目の本「はじめての Web ライティング大全 100」の図解を描いています。100 とタイトルにあるとおり、100 個の図解を書き上げる必要があり、毎日とても大変です。締め切りがもう目前で、どうしようと

B

ただ今、4 冊目の本「はじめての Web ライティング大全 100」の図解を描いています。

100 とタイトルにあるとおり、100 個の図解を書き上

文字ばっかり！ツライ…

これなら読む気になるね

空間も画像もある

注意

スマホで見ると、約 4 倍長くなる！

ただ今 4 冊目の本「はじめての Web ライティング大全 100」の図解を描いています。100 とタイトルにある

もはや読みたくない…

他のサイトで見よう〜

スマホ幅でも文章チェックを！

▶ 見出しなどで、アクセントついてる？

▶ 文字ばかりで読みにくくない？

▶ 段落の間は 1 行空いている？

041

見出し「〇〇について」は使わない！

○○について、5連発！

　文章でよく見かける「この会社について」「この商品の特徴について」などのタイトルや見出し。

　Webライティングでは「〇〇について」を、タイトルや見出しに使うのは避けてください。理由は、①閲覧者に結論がすぐに分からない ②検索順位への影響　この2つがあるからです。

①閲覧者に結論が分かる

　例えば、「この会社について」を「会社案内」もしくは「会社概要」とする。「この商品の特徴について」は「〇〇の改善例がある商品」とする。先に、具体的な内容を一部お伝えした方が、興味を持ってもらえます。

②検索順位への影響

　「〇〇について」をやめて、具体的に説明を入れる中で、検索キーワードを入れましょう。タイトルや見出しにキーワードが入っていたほうが、検索順位が上がる可能性が出てきます。検索順位が上がって、見つけやすくなれば、それだけ、訪問者が多くなりますよね。結果、ホームページからの成果が出やすくなります。

　以上、些細なことですが、その気遣いの積み重ねで成果につながっていきます。ぜひやってみてください。

「〇〇について」は使わない

Before
書いてみた

この会社について
私たちは、30 年前からネジを製造してまいりました。国内に3箇所の工場を持ち、高品質な製品を提供しております。

商品の特徴について
当社の断熱材を使った住宅は、光熱費 1/2 になる事例もあります。さらに、施工が容易で、工事における人件費負担は変わりません。

対象になる方について
当システムは、主に税理士・社労士など、顧問サービスを提供している事務所向けです。顧客企業の管理ツールとして…

ぱっと見で分からない…

After
修正してみた

会社案内
私たちは、30 年前からネジを製造してまいりました。国内に3箇所の工場を持ち、高品質な製品を提供しております。

光熱費 1/2 にする断熱材
当社の断熱材を使った住宅は、光熱費 1/2 になる事例もあります。さらに、施工が容易で、工事における人件費負担は変わりません。

税理士・社労士向け
当システムは、主に税理士・社労士など、顧問サービスを提供している事務所向けです。顧客企業の管理ツールとして…

見出しだけで内容が分かる

❶ ユーザーに結論が分かる

結論を早く知りたい！

❷ 検索順位への影響

検索キーワードが入っている！
すぐ見つけられた！

042

Theme 1日

襲客　反応　見やすさ　読みやすさ

採用情報では
「面接で質問しにくい
ネタ」を入れろ！

　会社で求人を募集している場合、ホームページで採用情報を入れることは必須です。求職者はハローワークや求人サイトで募集要項を出していても、必ず会社ホームページを見に来ます。求人サイトより情報が少なかったり、募集要項が求人情報と同じでない場合、応募にはつながらないでしょう。志望度が高い人材ほど、ホームページで、応募するかどうか判断しています。

　ですから、採用情報では、以下の項目を入れましょう。

・代表メッセージ
・仕事内容（特に、入社した時の仕事内容は具体的に）
・社内教育（実施される研修／将来どんなスキルが身につくか）
・社員インタビュー（後輩へのメッセージ／仕事のやりがい／趣味や休日の過ごし方等）
・募集要項
・応募方法、入社決定までの期間、応募の連絡先

　さらに、「面接で質問しにくいネタ」を入れましょう。
　「有給は皆さんどのくらい取っていますか？」「残業はどのくらいありますか？」「先輩にはどんな人がいますか？」なんて質問、面接ではしにくいですよね。大抵の人は言い出せません。上記項目を文章中に入れておくことで、ホームページがしっかりと読まれるものになります。

良い人材を入れたいなら抜かりなく

採用！応募者は必ず...
会社ホームページを見る

採用情報の仕事内容例

例

求人広告よりも詳しく！

仕事内容

お客様の会社ホームページを制作・運営する仕事です。当社では、制作担当者がお客様へのヒアリングを行った上で、提案・制作まで対応していきます。
もちろん、単なるデザイン・コーディング作業より責任は大きく苦労することもあります。しかし、お客様から指名で相談されたり、喜びの声をいただいたりなど、普通の Web 制作では味わえない経験ができます。
入社時は、運用サポートで、定型の更新対応から始まり、徐々に提案型の制作仕事へレベルアップしていきます。

・残業はどのくらい？

　通常はほどんどありません。
　ただし、プロジェクトの進行により、1日2～3時間残業になることがあります。

・有給消化率は？

　現在、80% を超えています。

ポイント

聞きにくいですからー

面接で質問しにくいネタを入れよう！

043

お客様の声は
一問一答形式で！
他には何を入れる？

お客様の声ってどうやってもらえばいいの...

がーーん

　商品の口コミは、購入判断を左右します。どんな商品・サービスでもお客様の声は重要です。お客様の声から「この商品を買っている人が多い」「こんな使い方や効果があるんだ」などが分かると、人は買いたくなるものです。それはホームページでも同様です。

　ホームページにお客様の声を入れようと思っても、お客様からのコメントは、なかなかもらえない場合があります。そこで使えるのが「一問一答」。質問されれば、人は答えやすいからです。

【質問例】
・ご依頼前（ご購入前）は、どんなことでお悩みでしたか？
・当社を選んだ理由は？
・ご依頼（ご購入）後、どう変わりましたか？
・当社の対応（商品）で良かったところはどこですか？

　最後に、お客様の事業の説明、そのお客様とのエピソードを書いてください。「お客様の紹介」になり、喜ばれるでしょう。

この商品欲しいけど…
口コミいまいち

こっちの商品の方が
口コミ良いから
こっちを買おう！

商品購入を左右する
「お客様の声」大事ですね！

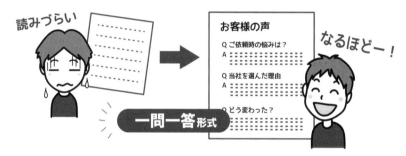

読みづらい

お客様の声
Q ご依頼時の悩みは？
A
Q 当社を選んだ理由
A
Q どう変わった？

なるほどー！

一問一答形式

質問例＋コメントで！

Q ご依頼（ご購入）前は
　どんなことでお悩みでしたか？

Q 当社を選んだ理由は？

Q ご依頼（ご購入）後、
　どう変わりましたか？

Q 当社での対応で良かったところは？

こちらからも
口コミ♪

＋

当社からの
コメント

・お客様の事業紹介
・商品の良いところ
・お客様とのエピソード
　　　　　　　　　など

044

①Theme 日 　集　客　反　応　見やすさ　読みやすさ

共感される商品・サービス紹介ライティングとは？

悩みを具体的に書いてなかった…

　ホームページで、扱っている商品やサービスの説明をするのは当然です。さらに集客につなげたい場合は、最初に「共感されるワード」を入れてみませんか？　共感とは「こんなお悩みはありますよね？」と具体的に伝えて、相手に「そうそう、あるある」と思ってもらうこと。

　人は共感を得ると、好意的になり、申込やお問い合わせをする可能性が高くなるのです。

　共感を得るには、相手の悩みに焦点を合わせます。

　どんな悩みがあるのかは、あなたのターゲットから取材したり、インターネットでの検索キーワードを調べたりします。そして、悩みはできる限り具体的に表現します。例えば、「ポンプの不調」ではなく「ポンプから擦れるような異音がする」。「体調が悪くてつらい」でなく「頭痛が週５日。いつも肩こりでつらい」このように具体的にした方が「あ、自分も同じだ」と感じて、次を読んでもらえます。悩みの次には、これを解決する手段として、自社の商品やサービスを提示。さらに、実際の事例などを伝えて、商品が欲しいという気持ちにさせます。

　上記は、ランディングページでよく使われる手法でもあります。最近のホームページは、どのページから人が入ってくるかは分かりませんので、各ページでこんな工夫も必要ですね。

「商品・サービス」紹介するとき
「共感されるワード」を入れると反応 UP！

共感イメージ

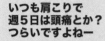
いつも肩こりで週5日は頭痛とか？つらいですよねー

そうそう！何か解決策ないかと…

そんな肩こり頭痛を治したいと開発したのがこの商品なんです

知りたい！

共感から入る商品紹介ライティング流れ

① 相手の悩みに 焦点を合わせる

② 共感を得る

分かってくれる？

③ 商品説明 を聞いてくれる

で、どんな商品？　ほしい！

悩みはできる限り
具体的に
共感を得やすくなります

ランディングページのライティングでよく使われる手法
ホームページでも使ってみましょう！

やってみよう！

045

Theme 1日　集客　反応　見やすさ　読みやすさ

商品説明より「お客様の声」を先に！

し、しらなかった…

　お客様は「買いたい」のであって、「売りつけられたくない」と思っています。「この商品は良い機能がたくさんあります。例えば…」と商品の説明をされると、たとえ本当に有用な商品であったとしても、押し売りされているようなネガティブな気分になってしまいます。逆に「この商品を買いたい」と思えば、少し金額が高くても「買って良かった」というポジティブな気分になります。

　このように、買う買わないの判断は、「感情」が左右しています。

　ここで、テレビショッピングを思い出してみましょう。「今回は、この商品のご紹介です…」と始まって、次から次に「使ってみた人のコメント」が続きませんか？　そしてそれを見ているうちに、購入・申込しようと考えてしまうことが自分にもありました。そうなのです。「お客様の声」が「買いたい」という気持ちを起こさせる方法なのです。

　ホームページで、自社の商品やサービスの紹介文章を書く時は、どうしても説明に偏りがちです。そんな時は、「お客様の声」を説明文の前に、思い切って入れてみてください。閲覧者の感情が動いて、購入や問い合わせをされる確率が高まる可能性があります。

人は「感情」で判断する

ライティング構成イメージ

まず、お客様のお話をさせてください

こんな悩みの方がいらしたんです。最初はあまり乗り気でなかったのですが、1ヶ月後、こんな効果が出たんです。

自分も同じようになるかも！

買いたい！

お客様の声を先に入れた商品紹介ページ

〇〇サービス案内

お客様の声

1ヶ月で改善！	はじめはあまり…	すごく使いやすい

こんな問題を解決

- -
- -
- -

お客様コメントは商品説明より見ちゃうんだよね〜

〇〇サービス仕様

- -
- -
- -

046

読まれるプロフィール にする秘訣は？

えっそんなに見られてるの？

　税理士・弁護士など士業事務所やコンサルティング会社では、プロフィールは一番大切です。商品が「人」だからです。実際、士業やコンサルティング会社のホームページでは、サービス案内ページより、プロフィールへのアクセスが多いのです。見込客は「あなたがどんな人か？」に興味があります。

　実はもの作りの会社などであっても、代表や社員プロフィールは、アクセスが多いページ。もちろん、採用にも必ず役立ちます。ですから、どんな業種でも、気合を入れてライティングすべきなのが、プロフィールです。

　こんな大切なプロフィール、学歴や資格の一覧だけではもったいない！　競合との差別化もできません。そこで、感情が動くWebライティングをしてみましょう。

　ここで、「13 ストーリーにするって言われても、どうやればいいの？」をチェックしてみてください。

　その上で、次のような展開でライティングしてみましょう。「現在→過去 ＞未来→現在」です。過去の部分には自分が体験した「辛いこと」や「試練」を入れます。未来には、「お客様にどうなってほしいか」、「どんな仕事をしたいか」を語ります。

　例えば、右図のような流れです。ポイントは「その時々の自分の感情を入れる」こと。こんなプロフィールで、あなたに仕事を依頼する理由が1つできるでしょう。

読まれるプロフィール

そのとき、どう感じたか
感情を入れよう！

現在 ▶ **過去**（辛いこと）試練 ▶ **未来** ▶ **現在**

例

現在
資金調達コンサルタントの吉岡悟です。現在は、税理士・行政書士の専門家の皆様に、資金調達ノウハウを提供しております。

過去
実は25年前、流通業を対象とした経営コンサルタントとして起業しました。その中で、社長の悩みで一番多いのが「お金の悩み」。その悩みを解決したい一心で、金融機関や役所に自ら通い、資金調達の支援までしていたことから、資金調達専門コンサルタントになりました。ところが、ある知り合いの社長がお金のことで悩み、自殺してしまったのです。頭が真っ白になりました。もっと早くお金の悩みを知っていれば、何かできたかもしれない。「お金で死ぬ社長をなくしたい！」この仕事をしっかりやっていこうと深く決心しました。
しかし、自分だけでは資金調達支援をする数には限界があります。もっと多くの社長を救うため、社長の一番近い相談相手である税理士さんに、資金調達ノウハウを伝えることにしました。

未来
お金は人を幸せにもするし、命まで奪ってしまうもの。これからも資金調達ノウハウのある税理士や行政書士など専門家を全国に増やして、多くの社長をお金の悩みから救っていきたい。そして、元気な日本にしていきたい！

現在
そんな想いで、今も「資金調達サポート会」を運営し、専門家に資金調達ノウハウを提供しています。

047 ① Theme 8 集客 反応 見やすさ 読みやすさ

メリットばかりでは信用されない！

メリットのオンパレードやった…

　商品やサービスをホームページで見ると、メリットばかり書いてあるものがたくさんあります。それだけだと閲覧者の方は、あまり信じていない可能性があります。思い切って、デメリットも書きませんか？

　デメリットといっても、悪いところをそのまま書くというわけではありません。「こんな場合は、当社ではお受けできません」「この製品は、こんな方には合いません」と、対象外になる場合を、具体的に挙げておくという手法です。

　このようなデメリットを書く利点が2つあります。

　1つめは、ターゲットが明確になるので、あなたの会社・商品サービスに合わないお客様の対応をしなくて済むことです。合わないお客様の対応は、どうしてもトラブルになりがち。手間もかかります。小さい会社では特に人手が少ないので、無用な負担は避けたいところですよね。

　2つめは、良いことばかりでなく、都合が悪いことも書いてあると、信用されるということ。この世に万能な商品はありません。どの会社の担当者も分かってはいると思うのですが、自社商品を買って欲しいばかりにメリットが強調されていることがたくさんあります。そんな中、デメリットも記載されていると、「この会社は潔い」と信用する気持ちになりませんか？

自分の商品・サービス紹介
デメリットも書くと信頼される！

デメリットを入れるメリット

①合わないお客様の対応をしなくて済む

うちに合う
お客様が来れば
サイコーだね！

②信用される

ウチの商品いいですよー
あれも良し
これも良し…

やっぱり良いこと
だけだと信用
できないなぁ…

デメリットの表現方法

商品の対象外になる場合を
デメリットにする

例

こんな場合は
この商品は
合いません

３ヶ月以上継
続する意欲が
必要になります

既にご購入さ
れている人が
対象になります

048

1 日 Theme

集客　反応　見やすさ　読みやすさ

結局、
何も書かないのが最悪！

まだ完成度が
低いような…

　ここまで、Webライティングのコツや書くべき内容を説明してきました。ただ、最初からいきなり完璧なライティングを行うのは、はっきり言って無理です。ですから、できなくても気にしないでください。それが普通です。

　おすすめは、50点のできであっても、ホームページで公開することです。

　完璧を目指して、何も書かない、そして公開しないのが、一番最悪な状況です。ホームページは公開してはじめて、成果につながります。更新されないホームページでは、信頼を得られませんし、Googleからも評価されません。

　その結果、検索順位が下がっていきます。せっかく存在していても、見つけにくいホームページになってしまうのです。これでは、あなたがWebライティングを学んでいる意味がないですよね？

　Webライティングのコツは、公開する日付を決めてしまうこと。

　そこから、「必ずその日付にホームページを更新する！」と決めて、ネタを探すことです。ネタがあるから書くのではありません。ネタは見つけるものです。最初は書くのがしんどいと思います。ですが、そのうちライティングに慣れて、負担が少なく感じます。困ったときは、本書をパタっと開けてみてください。

最悪なのは・・・
何も書かないこと

 悩んで
書かない場合

 文章ヘタだけど
書いて公開

 やはり
完璧 めざさ
ないと！
調べよう

ま、とりあえず

書いて 公開

ホームページ
更新されない

ホームページ
頻繁な更新

検索順位下がる

検索順位上がる
アクセスふえる

文章慣れてきた！

 文章
書くの むずかしい

 お客様から
また
お問い合わせ！

 Web ライティングできるコツ
「公開する日付を決める」

ネタはあと
で見つけるん
だったね

111

コラム3 明日からこれやってみ！
ホームページ文言で劇的に使えるフレーズ3選

業種に関係なく、ホームページ文言で使えるフレーズ3選を下記に入れます。
特に、各ページのファーストビューで使ってみると強力です。

①対象者呼びかけ「〜の方へ」

例えば、「税理士事務所の方へ」「金型修理業者をお探しの方へ」「掲載内容の提案を受けてWeb制作をしたい方」という文言。

ターゲットをストレートに、表現するフレーズです。

人は、具体的に呼びかけられると反応します。「みなさん、こちらを見てください」より「赤色を身につけてる方、こちらを見てください」と呼び掛けた方が、反応がよくなります。

不思議なことに、赤色を身につけていない人まで興味をそそられて、見ることが多いのです。

ですから、クリニックのホームページの場合、「肩こり、腰痛、腱鞘炎、膝痛、首痛の症状をお持ちの方」と症状を書いておくと、「頬が痙攣」している方からも連絡が来たりする場合があります。ですから具体的な呼びかけは、かなり使えて、効果のあるフレーズです。

②共感「〜なことありません？」「〜ですよね？」

人は誰しも共感されたいという欲求を持っています。ですから「毎日のSNS投稿って大変ですよね？」「なんで自分だけツイテナイのだろう？　と思ったことありません？」などと言われると、

「そうそう！　それで？」と興味を持って、その他の部分も読んでくれます。

こんな思いを持っている人に読んでほしい！　と思うなら、前述したフレーズを使ってみてください。①のように、その他の人も反応してくれる可能性もあります！

③困りごとを具体的に指し示す「〜な時は、」

人は困ったときに、ネット検索をします。困りごとの具体例を書くのは、SEO対策（検索順位を上げる対策）としても、かなり有効な手段なのです。

例えば、「ポンプからいつもとは違う異音がし出した時は、」「ホームページをリニューアルしたいけれど、どこから手をつければ良いのか分からない時は、」

こういった感じで困りごとに具体例を使うと、アクセス数も増やせて、訪問者の反応も良くなり、一石二鳥です。

「第3章」

これで集客できる！アクセスが上がって、反応が出るブログ文章

ブログは日記とも考えられていましたが、今では、ホームページと同じという認識でも差し支えありません。考え方をバージョンアップして、ライティングに取り組んでみましょう。

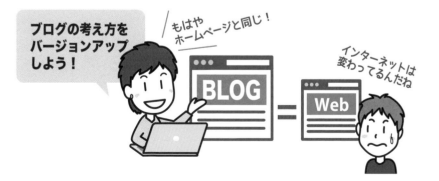

ブログの考え方をバージョンアップしよう！

もはやホームページと同じ！

BLOG = Web

インターネットは変わってるんだね

049

集客 反応 見やすさ 読みやすさ

日記はダメ！
集客につながる
ブログとは？

食事のことばかり投稿してた…

　ブログを書くなら、「今日のランチ」や「旅行でソウルに行きました」のような日記的な投稿だけではダメです。

　ブログは、自分の専門分野での情報提供を行いましょう。

　例えば、次のような内容です。

　歯科クリニックでしたら「虫歯にならないドッグベストセメント治療の施術の流れ」。ポンプ修理業だったら「直結給水ポンプの耐用年数」。Web制作でしたら「ホームページって誰が見ているのか、分かっちゃうの？」このようなものです。

　あなたの事業ターゲットの悩みや知りたいことを伝える、これが集客につながるブログです。

　今では、無数のブログやホームページが存在します。その中で、あなたのブログを見つけてもらうこと自体がかなり大変な世の中になっています。だから、まずは見られるためにも「ブログで情報提供」なのです。

　人は悩みや知りたいことがあるときに、そのキーワードでインターネット検索をします。情報提供のブログを書いていれば、検索で見つけられる可能性が高まり、それがアクセスになり、集客につながっていくのです。

今のブログの役割

 **2000年初頭** → **今**

情報提供

見込み客の
アクセス増 → **集客へ！**

ブログは
集客のための
ツールです

情報提供のブログって？

例 **歯科クリニックの場合**

虫歯だけど
削りたくない

また虫歯に
なりたくない

虫歯にならない
ドッグベストセメント治療・施術

歯を削らずに治療する施術

例 **ポンプ修理業の場合**

ポンプのことを
まず調べておこう

 直結給水ポンプの耐用年数

増圧ポンプと加圧ポンプの違い

情報提供ネタは
見込み客が「知りたいこと」
「悩み」から見つけよう！

050

外部ブログじゃダメ？

Theme (1)日 集客 反応 見やすさ 読みやすさ

外部ブログを使わない理由とは？

　アメブロなどの外部ブログは、自前のブログより、検索順位で不利になります。

　なぜ検索順位で不利になるのでしょうか？　理由は、Googleは検索結果を表示するとき、同じようなページ評価であれば、外部ブログより通常のホームページを上位表示させるからです。情報の信頼性は、外部ブログより公式ホームページの方があるとGoogleが判断しているためです。少し考えると分かるのですが個人でやっているブログより、公式ホームページの方が信用できる情報として見るのではないでしょうか？　それと同じです。

　ですから、ホームページを持っているのであれば、必ず同じドメイン（〇〇.comなどのこと）中に、ブログを作って運用していきましょう。ホームページの場合は、ブログの機能を使ってはいても、名称が「お知らせ」や「ニュース」、「トピックス」になる場合もあります。

　ひとつ注意です。ブログだけサブドメインで運用するのは避けた方が無難です。サブドメインは、Googleでは別のドメインと扱われています。さらに近頃は、サブドメインで検索上位にするのが難しいのです。※サブドメイン：www.〇〇.comのwww部分に、blogなど別の文字を入れるドメイン。例：blog.〇〇.com

外部ブログは グーグル検索では不利です

え？
そうなの？

ホームページ内
のブログ

ホームページ内でブログ運営

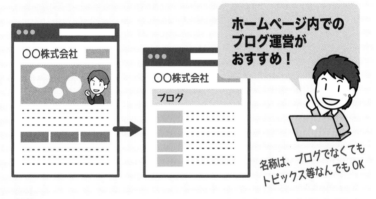

ホームページ内での
ブログ運営が
おすすめ！

名称は、ブログでなくても
トピックス等なんでも OK

注意

ブログに、
別ドメイン・サブドメインをつけるのは避けよう！

 ホームページ **www.000.com**

ブログ **blog.000.com**

サブドメイン

検索で不利に
なりがちです

051

ブログはホームページの中に書く!?

えっそうなの…

　ホームページで集客したい場合、ブログはホームページの中に書くのがベスト。検索順位でも有利になるからです。さらに、事業に関する情報提供をすれば、そのブログの一記事から、将来の顧客が入ってきてくれる可能性があるからです。

　また、「新着情報」や「お知らせ」、「トピックス」という今ある項目を使って、ブログを書くこともできます。WordPress（ワードプレス）でホームページを作っている場合、ブログは後からでも追加できます。

　「会社ホームページは事業紹介など多くの内容があるから、埋もれてしまうのでは？」と思う方もいるかもしれませんが、ご安心ください。トップページの中で、ブログが多少見つけにくくなっていても問題ありません。すべての人がトップページからブログを見るわけではないからです。検索サイトで検索し、そこで検索上位に上がってきたブログの記事から入ってくる場合も多いのです。

　実際、アクセス数が多いホームページでは、ブログの一記事から入ってくる人の方が多くなっています。ホームページのアクセス数が多くなってくるにつれて、トップページから入ってくる比率は少なくなっていくものなのです。

ホームページを持ってるなら
ブログはホームページの中で！

 ①**検索順位で有利！**
②**ブログ→顧客になりやすい**

よくあるブログの悩み

1 **うちのホームページに
ブログはないんだよ！**

ブログ
入れられます！
大丈夫！

❶「新着情報」「おしらせ」
「トピックス」コーナーでブログを書く

ブログ追加
しました！

❷ WordPress（ワードプレス）で
作られているホームページは
ブログが追加できる

2 **会社ホームページだと
埋もれてしまうかも？**

大丈夫！

多くの方は、検索サイト経由から
ホームページにやってきます。

だから、ブログのページを見つけて
そのページへ直接、入ってくるのです！

052

まずターゲットを決めてから！ブログ文章の前準備とは？

ブログといっても何を書けばいいんだ…

　「ブログが書けない」と、ため息をついている人いませんか？　この項では、そんな方に「ブログ書きが進む前準備」をお伝えします。

　その前準備とは、まず「ブログを書く相手を1人」に決めること！

　昨日会ったお客様やお友達、道ですれ違った方でも構いません。とにかく、1人に決めることがポイントです。ブログは、その1人に必要な情報、役立ちそうなこと、知ったらきっと喜ぶことを書いていくものです。

　あなたも経験があるはずです。「よく知らない初対面の複数の人」相手より、「顧問税理士で月一は会う高橋さん」の方が、会話が弾みませんか？　初対面の人は、好みも分かりませんし、共通の話題を見つけるのはなかなか大変。ましてや複数となると、何を話したらいいか分からない。じっと様子を伺って黙っているかもしれません。こんな状況と同じです。

　とにかく「ブログを書く相手を1人」決めてください。そこから、ブログのライティングが始まります。

ブログが

書け　ない—

ブログを書く
前準備から！

ブログ文章の前準備

「ブログを書く相手を1人」決める！

　　昨日会った
お客様　友だち　　向かいの
おじさん

マーケテイング用語
ペルソナ 　架空の1人（個人）を設定する

ブログの相手を決めたら…

興味
あること

役に
立つこと

▶ この人が喜んでくれそう、役に立つことをネタに！
▶ この人に向かってブログを書く！

相手が決まると
ライティングしやすい！

053

1日 Theme

集客　反応　見やすさ　読みやすさ

ぶっちゃけブログは 何を書けばいいの？

はぁー書けない やめよっかな…

　「ブログは継続といっても、そんなにネタがない。何を書いたら？」「ブログを続けていたら、ネタ切れするよ」こんな言葉、あなたも言ったりしていませんか？　世の中を見渡すと、毎日ブログを書いている強者もいますよね。それでも、ネタ切れにはなっていません。毎日書くのですから、何を書けば？　なんて悩んでいることも少ないでしょう。こんな人は、ネタがたくさんある？　それとも文章がすらすら書けるから？　いいえ、違います。

　「毎日ブログを書く」と決めているから、書けるのです。

　多くのブログ文章を書けない方は「ネタができたら、ブログを書く」と考えています。実は、ブログを書くコツは違います。まず、ブログを書く日程を決めているのです。そこから、その日程に合わせて「何を書けばいいか？」と考えて、準備して、文章を書いているだけなのです。

　ですから「何を書けばいいか？」と考えるより先に、ブログを書く日程から決めましょう。決めたら、スケジュール帳に書き込んでください。さらに、家族や職場の周囲の人に宣言してください。その後で「何を書けばいいか？」を考えましょう。

ブログ「何書けば？」の答えは？

ブログは毎週
火曜に更新する！

まず
書く日程を
決める！

①ブログを書く日を決める

②何を書くか？ネタ探し

締め切り！
ネタ！
ネタ！

③ネタが決まったら、書ける！

頻繁に毎日書くほど
「何書く？」と悩まなくなります！

ブログネタ アイデア	対象のその人（ペルソナ）に… ・役立つこと　・喜ばれること ・悩みの解決方法など

054

文章を書きやすくするための ヒケツは、まず構成！

PREP法って
なに？

　ブログを書く相手を1人に決めたら、次に文章構成です。ライティングが慣れないうちは、まだパソコンで文章を書き出してはいけません。

　文章の構成は、「項目だけ」をメモしましょう。走り書き程度のもので構いません。最後のまとめまでの構成を考えて、項目を先にリストアップするのがポイントです。

　例えば、次のような流れです。

　ブログを書く相手「デザインを全く知らない学校事務の中年男性」に「グラフィックデザイナーとWebデザイナーの違い」というブログを書くとします。（右図参照）

　両者の違いを伝えるためには、どんな要素があれば相手が「そうなんだー」と納得してくれるか考えて、PREP法の順序を意識しつつメモしていきます。

　①最初に、一言で両方のデザイナーが何をするのかまとめ、②具体例を入れて説明する、③何年前に生まれた職業なのか、④どんな仕事をしているのか、⑤気質の違いという個人的な感想も入れる、⑥こんなものを依頼したいときは？　と相手の立場からの見え方を伝え、⑦最後に、まとめをもう一度。

　どうでしょう？　このように書く構成を考えながら、項目をメモしていくと、もはや文章が書けた気になりませんか？　その気分が大切です。あとはパソコンに向かって文章を書くだけ。やってみてください。

ブログ文章を書く手順

① 文章の相手を決める
ペルソナ

▶

② 文章の構成をメモ

▶

③ ライティング

この手順でやると
格段に文章が書きやすくなります

文章構成

PREP 法
（プレップ）

P 結論 ▶ **R** 理由 ▶ **E** 具体例 ▶ **P** 結論

 例

文章の構成メモ　　対象：学校事務の中年男性

P 印刷物：グラフィックデザイナー
Web：Web デザイナー

R ・各デザイナーの役割、歴史
・気質の違い

E ・グラフィックデザイナーに Web 制作を依頼したら？
・Web デザイナーに印刷物を依頼したら？

P ・専門が違う
・印刷物はグラフィックデザイナー、Web は
　Web デザイナー

こうやって
メモすると
書けそう！

055

情報提供は、素人に分かりやすくがキホン

知らない単語が
多いと言われた…

がーーん

　ブログで情報提供をする際には、素人に分かりやすいよう事細かに説明を入れることが基本です。例えば、「直結給水ポンプの耐用年数は15年です」と終わらせるのでなく、素人でも分かるように、関連情報をきちんと入れておくということです。

　関連情報は、本題を理解するために必要な周辺情報のこと。ポンプの周辺情報といえば、「直結給水ポンプとは？」「どこに設置されている？」「壊れたらどんな影響を受けるのか？」「どんなメンテナンスが必要か？」などが考えられます。

　「当社はBtoBだから取引先の担当者が見るので、素人はいない」という方もいます。ですが、担当者が新人かもしれません。その時、分かりやすい情報になっていると、助かりますよね。「この業者は丁寧な仕事をやってくれそう。連絡してみよう」という展開になるかもしれません。

　もう1つ、有利になることがあります。それは、検索順位。分かりやすいよう事細かに説明を入れていると、検索サイトGoogleから評価されます。同時に、関連情報も入れているので、その他の関連キーワードでも検索結果に表示される可能性も出てきます。

　このように素人に分かりやすい説明は、企業イメージも良くなり、検索順位も上がりやすいという一石二鳥の手段なのです。

素人に分かりやすく！

❌ 直結給水ポンプの
耐用年数は 15 年

10 年を過ぎたら、
定期点検などでトラブ
ルを未然に防ぎま
しょう。

⭕ 直結給水ポンプの
耐用年数は 15 年

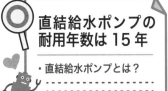

・直結給水ポンプとは？

・どこに設置されてる？

・ポンプが壊れたら？

分かり
やすい！

ココに
連絡
しよう！

新人の担当者も
いるだろうし

うちは BtoB だから、素人向け説明は
必要ないと思ったけど…必要だな！

一石二鳥！

素人に分かりやすいブログの良い点

① 企業イメージ向上

分かりやすい
説明だな…

丁寧な
仕事をして
くれそう！

② 検索順位の向上

このページは
情報が
いいね！

〇〇株式会社

アクセス数
増えた！

お問い合わせ
が来たぞ！

056

ブログの文章は
何文字書けばいい？

400字位しか書いてなかった…

　実は、ブログに何文字書けば良いのかは、決まっていません。ブログの仕組み上、1ページに何文字でも書けます。ただ、あまりに短いとブログを読んでいて満足感はないですし、長すぎても読むのが負担になります。

　目安としては、最低でも1,000文字くらい書くのがおすすめです。

　理由は2つあります。1つめは、閲覧者が1分くらいで読める程度になり、情報として満足できる量であること。2つめは、検索順位にも有効であることです。ただし、いくら1,000文字以上書いても内容が「○○へ行きました」のような日記に近いようなものだったら、検索順位は上がりません。あなたの専門分野、もしくは事業での情報提供のブログネタが必要です。

　1つ注意しておくことがあります。内容によって、文字量より画像が多い方が、検索サイトGoogleの評価を受けて検索順位が上がることがあります。それは「ユーザーは写真が多い情報を求めている」とGoogleが判断する場合。例えば、ウエディングドレス。ユーザーはウエディングドレスの写真を多く見たいと思いますよね。

　Googleの検索順位の決め方は、日々進化しています。その基準は「ユーザー」なのです。ですから、ブログも閲覧者が見たいものを考えて、それに合わせて、文章や写真など画像を入れることが重要です。

Q ブログって
何文字書けばいい？

A # 決まってません！

※情報提供ブログだったら
目安 1,000 文字以上です

ブログで大事なこと！

ユーザーが
「見たいこと」に集中する！

これを
アピール
したい！

あの人が
興味ある
ネタで！

ウエディング
ドレス情報

文字数は
多くない
とね！

ウエディング
ドレス情報

そうそう

写真を
たくさん
見たいのよ

写真が
見たいのに

057

文章ばかりのブログでは なぜダメなの？

よ、
よみづらい…

　文章ばかりのブログはダメ、というわけではありません。ただスマホで見ると、画面いっぱいに文字ばかりになったりするので、読まれにくくなります。文字ばかりになるときには、改行し、ときには行を空けてスペースをとるなど、読みやすいレイアウトの工夫をしましょう。文章だけでなく画像も入れた方が、もちろん読みやすいです。

　さて、読みやすいということは、実は検索順位にも良い影響があります。なぜなら、検索サイトGoogleは、ちゃんと読まれているページを検索上位に上げる傾向があるからです。

　Googleは、ページがどのくらい読まれているか計測していて、それを検索順位決定要素の1つにしています。「よく内容が読まれているページ」は「情報の内容がいい」と判断しているわけです（Googleでは、どのくらい読まれているのかの指標は「エンゲージメント」です）。

　いずれにしても、ブログでもホームページでも「閲覧者が読みやすいかどうか」が最優先の基準です。いくら上手にライティングをしても、相手に読まれなくては、意味がありません。せっかく書いたあなたの文章を読んでもらうために、画像も入れるなど、もうひと工夫しておきましょう。

読んでもらうために ひと工夫

カ作の ブログ！

〇〇株式会社
ブログ

スマホは 4倍の長さ

長くて 読みきれないよ！

いちばん

「読みやすさ」大事です！

スペース入れる、画像入れるなど工夫を！

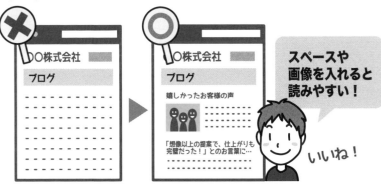

✕ 〇〇株式会社
ブログ

〇 〇〇株式会社
ブログ
嬉しかったお客様の声
「想像以上の提案で、仕上がりも完璧だった！」とのお言葉に…

スペースや 画像を入れると 読みやすい！

いいね！

エンゲージメント 大事！

「よく内容が読まれているページ」は 検索順位にもいい影響！

058 ①日 Theme

集客　反応　見やすさ　読みやすさ

イラスト画像を
入れたいときは
どうすればいいの？

ちょ、著作権…

　「ブログに何かイラストを入れたい」というときは、インターネット上の素材サイトを探してみましょう。検索サイトで「イラスト　素材　著作権フリー」と検索すれば、イラスト画像を提供している数多くのサイトが見つかります。有名なのは「いらすとや」「イラストAC」など。有料のものもありますが、無料で利用できるものもたくさんあります。

　これらのイラストを使用する場合は、必ずそれぞれの「使用条件」を確認しましょう。ホームページに掲載されているテキストや画像はすべて著作物です。他のホームページで見て、「これが素敵！」と写真やイラストを無断で使ってはいけません。文章でさえコピーしてそのまま使ってはいけません。著作権法に違反してしまいます。ですから、イラスト画像を提供しているホームページで使用条件を確認する必要があります。気をつけたいのは、会社ホームページでのブログの場合は、「商用利用」になるということ。使用条件で商業利用が可能かどうか、きちんと確認して、その条件どおりにイラスト画像を使いましょう。

　またイラストだけでなく写真も、インターネット上に著作権フリーの素材を提供しているホームページがたくさんあります。必ず使用条件を確認してから、使うようにしましょう。

※右図に、商業利用可能なイラスト・写真サイトの一覧を掲載します。

ブログに使える！
イラスト・写真 たくさんあります

 利用条件は必ず確認！ 商用利用OK／著作権フリー（一部有料あり）※2023年8月現在

イラスト素材

いらすとや
https://irasutoya.com/

イラストAC
https://ac-illust.com/

素材GOOD
https://sozai-good.com/

ビジネス素材
https://web-sozai.com/

写真素材

写真AC
https://photo-ac.com/

ぱくたそ
https://pakutaso.com/

foto project
https://free.foto.ne.jp/

Adobe Stock
https://stock.adobe.com/jp/

059

1 Theme **日**

集客　反応　見やすさ　読みやすさ

写真に文字を入れたいときは？

写真ってどうやって文字入れるの？

　ライティングとは違いますが、ブログを書くときに知っておくと役立つ知識です。「写真に文字を入れたい」という場合には、画像加工アプリ・ホームページがあります。最近ではかなり多くの種類が出ていますので、アプリ検索・ホームページでの検索で簡単に見つけることができます。アプリをダウンロードしなくても、ホームページでそのまま画像加工も可能です。

　なかでもCanva（キャンバ）は、ユーザー数も多く、素人でも簡単に使えます。

　このような画像加工アプリやホームページは、無料でもかなり高機能になっています。写真に文字を入れるだけでなく、色合いを変えたり、サイズを変更できたり、複数の写真を組み合わせたりもできます。ブログに使う画像のほか、YouTubeやInstagramなどSNSに最適な画像作成、さらに動画編集まで。

　いったん無料で使ってみて、頻繁に使うのであれば、有料版へ移行するのも良いでしょう。

写真に文字を入れたいとき

無料でもOK!

画像加工できる スマホアプリ・ホームページあります

スマホで
やろう！

スマホで
写真撮るし…

写真に文字を入れられる
スマホアプリ

 Canva（キャンバ）

 **LINE Camera**（ラインカメラ）

 Phonto（フォント）

画像加工アプリは
種類がたくさん！

パソコン
でやる！

ホームページで
できる！

パソコンでできる
画像加工ホームページ

Canva（キャンバ）
https://www.canva.com/

Fotor（フォター）
https://www.fotor.com/

ホームページで
そのままできる！

 便利

注意

ブログは公開して、はじめて 成果につながります！

画像加工は、ほどほどに、早めの公開を！

060

関連する文章から マメにリンクを張ると 集客につながる？

えっここも
あそこも
もったいない...

　せっかく書いたあなたのブログ。しかし情報だけ見られて離脱されてしまうのは、不本意ですよね。その中の1割でも、お問い合わせや来客につなげたいものです。

　そんなときは、ブログ文章にひと工夫です。それは、関連する言葉に「リンク」をつけること。実は、文章中のリンクは意外にクリックされやすい。目立つバナー画像よりクリックされている場合が多いのです。

　ですから、あなたが書いている情報提供のブログ文章の単語は、ところどころリンクをつけましょう。その単語に関連するサービスページへのリンク、また、以前のブログ記事でも構いません。

　例えば「ポンプの修理で、今回はよくあるトラブルTOP3をお伝えします」という文章の場合、「ポンプの修理」の部分に、自社ホームページのポンプ修理ページへのリンクをつける、という感じです。書いた文章の単語をもう一度見てみると、関連するページがあることに気づくと思います。

　書いたブログ文章は、公開の前に「リンクつけられるところは？」とチェックして、リンクをつけましょう。

ブログ文章中に リンクを張ろう！

あなたの商品・サービスなど
他ページも見てもらえるようにしましょう！

❌ ホームページよくある トラブル TOP5

①ドメイン期限切れ

----

②レンタルサーバーの
期限切れ
----

③パスワード紛失

⭕ ホームページよくある トラブル TOP5

①ドメイン期限切れ

>> ドメインのトラブル解決

②レンタルサーバーの
期限切れ

>> サーバーよく分からな

ふーん
そうなんだー

もっと見ておこう
こんなサービス
あるんだー

**ホームページの
滞在時間**

短い

**ホームページの
滞在時間**

長い

ブログを書いたら、最後のチェック！
リンクできる文字には、
リンクをつけよう！

061

Theme ① 1日

集客 反応 見やすさ 読みやすさ

書きやすいブログネタは Q＆A方式！ アクセス数アップで一石二鳥？

そうかぁ…

実はQ＆Aは、検索順位で優遇されているのをご存知でしょうか？人は、何か疑問持った時や悩みがある時に、検索をします。だから、そんな疑問や悩みを質問にして、その答えを書いているQ＆Aは、表示されやすくなります。

さらに、ブログタイトルを「〇〇させるには？」のような質問形式にすると、答えとそれに関連する情報を書けばよいので、文章が書きやすくなります。

まさに一石二鳥のブログネタは、Q＆Aです。

ただし、何もかもQ＆Aにすれば、アクセス数が増えるわけではありません。次の2つを意識しましょう。

①Q＆Aネタの見つけ方

関連キーワード取得ツール（ラッコキーワードなど）で、検索されているキーワードを入れた質問にしましょう。適当に自分で考えた質問では、インターネットで検索する人がいない場合もあります。

②1つの記事に1つのQ＆A

1ページにいくつものQ＆Aがある場合、答えの内容が薄くなり、検索上位にはなりません。ユーザーも自分の目指す情報がどこにあるのか見つけにくい。ですので、1つの記事に1つのQ＆Aにしましょう。その時の答えは、3行では短すぎ。「これも知っておくと役立つ」関連情報も入れて、1,000文字程度がおすすめです。

ブログネタにつまった

ヤバイ

質問に答える形式は
文章書きやすい！

Q&A にして、
見込客の悩みに答えよう！

理由

何かいい方法
ないかな？

人は、疑問や悩みがあるときに
ネット検索する！

アクセスが
増えるかも！

アクセスが増える Q&A

❶ 質問に、検索キーワードを入れる

関連キーワード
取得ツールで
調べよう！

自分で考えては
外れることも
多いから！

❷ 1つの記事に、1つの Q&A

❌ Q 質問

A 答え

Q 質問

A 答え

Q 質問

これは
ダメか…

⭕ Q 質問

A 答え

実は、こんなことも！

答えは、関連
情報も入れて
1,000 文字
以上が理想

062

アクセスの多いホームページは、大半がブログ記事からという事実

トップページ
じゃないの…

　ご存知ですか？　1日に数百人も訪問者が来るようなホームページでは、トップページが一番見られているページではありません。さらに、トップページから入ってきて、ホームページが見られているわけでもありません。

　実は、アクセス数が多いホームページでは、トップページではなく、ブログページの方が多く見られています。サービス内容のページよりも、ブログ記事ページの方がアクセスが多い場合が大半です。

　もしあなたのホームページで、トップページのアクセス数が一番多い場合、まだまだ訪問者は少ないと判断してください。ブログ記事の追加で、アクセス数が多くなる余地が大いにあります。

　ブログ記事は入口になりますので、そこからお問い合わせや購買へつなげるために、商品・サービスの告知は忘れてはいけません。きちんと、関連する文章・単語に、商品・サービスへのリンクを張りましょう。他にこんな事例もあるという場合は、実績ページへリンクです。

　トップページはすぐ全体像が分かるように作成されていると思いますが、ブログは気をつけていないと文章だけになりがちです。今、書いているあなたのブログが訪問者との初対面になるかもしれません。自分でまめにリンクをつけて、他の見せたいページへ自然に誘導できるようにしましょう。

うちのホームページは、
トップページのアクセス数が一番多い！

**ブログでアクセス数を
まだまだ伸ばせる可能性あり！**

ブログ記事から多くの人は入ってくる！

大事

ブログ記事から
商品その他ページ
へ誘導する

アクセスが多いホームページでは
ブログやコラムからの流入が
多くなります

063

集客　反応　見やすさ　読みやすさ

動画と組み合わせるとさらに
アクセスアップするって本当？

動画
やらんとな…

　動画をブログ記事に入れておくと、検索順位が上がる可能性が高くなります。その理由は、以下のとおりです。ページが人に読まれている時間の指標である「エンゲージメント率」「エンゲージメント時間」が多くなって、Googleから評価を受けて、検索順位が上がるのです。Googleの検索順位の基準はあくまでユーザー主体。ですから、ユーザーである訪問者が長く留まっているページは、良い情報があると判断して、検索順位が上がるのです。

　もしブログで「税理士事務所のブログネタをAIで作らせてみた」という内容を書く場合、AIに入力させている動画をブログ記事ページに埋め込めば、ほとんどの人が動画を見るでしょう。すると、読まれている時間が長くなり、ページ評価が上がります。結果、検索順位の向上、アクセス数の増加につながるわけです。

　現在のインターネットはテキストと画像が主体ですが、近い将来、インターネットも動画が主体になると予想されています。誰だって、文字を読むより動画を見る方が楽ですから、動画が主体の世の中になるのは仕方ありませんよね。
　現在はどの会社でもあるホームページ、20年前は多くの会社が持っていませんでした。動画も今後、同じような状況になると思われます。1企業1YouTubeチャンネルの時代も、数年のうちに来るかもしれませんね。

ブログに動画を入れるとアクセス増

理由

やっぱり動画は見てしまう

「エンゲージメント率」「エンゲージメント時間」増えると、

アクセス増につながる

従来のインターネット

画像・テキストが主体

近い将来のインターネット

動画が主体

 今のうちに、動画に取り組むのはオススメ

動画はスマホだけでできる時代になってます

コラム4　Webライティングが上手くいくと、 具体的に上がる数値はコレ

　Webライティングが上手くいくと、アクセス解析で次の数字が向上します。

　まずは、滞在時間。Googleアナリティクスではエンゲージメント時間と呼ばれます。要するに、人がホームページを見ている時間。

　「お問い合わせ」や「資料請求」など日常的に成果があがるホームページでは、平均エンゲージメント時間が2分近くになります。

　ただ、業種によって成果が出やすい平均エンゲージメント時間は変わってきますので、今の平均エンゲージメント時間より長くできたかどうかで判断してみて下さい。

　次に、アクセス数。Googleアナリティクスでは、セッション数です。

　Webライティングができるようになると検索順位が上がることが多いです。検索順位があがれば、アクセス数があがります。

　主なキーワードでの検索順位はどうなっているのか調べてみて、Webライティングが上手くいっているかどうか、参考指標になります。

　ただし、あまり1つのキーワードに固執しないことをおすすめします。なぜなら、使われている検索キーワードは多岐に渡っているからです。

　近年のユーザーは検索スキルが上がっていて、検索キーワードを5つ入れていたり、文章で検索したり…。

　こういった検索行動を予想するのは不可能に近いのです。あくまで、検索順位は参考指標としてみましょう。

　また、ホームページの成果測定で使われる指標、CVR（コンバージョンレート）。

　ホームページ訪問者が、購入や問い合わせなどをおこなった件数の割合のことです。

　WebライティングでCVRが上がることがあります。

　ただ、CVRだけを成果基準にするには注意が必要。なぜなら、CVRはホームページで操作した部分しか計測できないからです。

　例えばBtoB業種の場合、ホームページを見ながら電話をかける人も多いので、こういった行動がCVRには反映されません。

　実際のところ、ホームページの効果測定は、見えにくいことが多いです。

　お客様との対面商談の件数が増えた、成約率が高まった、採用応募が増えたなど、プラスの結果が多くても上司から「ホームページから売上に反映されてないじゃないか？」と責められたりする担当者も多いのです。

　ホームページは、インターネット上にある営業所と同じ役割。

　営業所をきれいにすると、会社のイメージが上がって、お客様が増えたり、問い合わせや購入などが増えたりしますよね？　ホームページも同じなのです。

第4章

確実に集客できる！実は、効果が早く出るメルマガ

メールマガジン略してメルマガは、オワコンと言う人もいます。これは明らかに間違いです。
実は「使い方＆ライティング」で成果が一番早く出るツールがメルマガ。
この章では、メルマガのライティングに加えて使い方も解説していきます。

オワコンでしょ？

メルマガなんて古いよー

メルマガは、**使い方次第！**
ライティングで早く効果を出せる！

064

メルマガなんて古い？
実は一番の集客効果！

オワコンだと
思ってた！

　ネットツールの中では、プル型とプッシュ型ツールがあります。

　プル型は、相手が見に来ない限り見てもらえないツールです。

　具体的にはホームページやブログ、YouTube、各種SNSなどがあります。

　反対にプッシュ型は、相手へ届くツールです。

　メールをはじめLINE、Facebookメッセンジャーなどになります。

　ネットツールでは、プッシュ型ツールの方が少なく、その中でも仕事中によく見られるのはメールだけ。そのためメルマガは、かなり使えるツールと言えるでしょう。

　しかもメルマガには、文字数の制限がありません。必ず受信されて、目に入ります。もちろん、開いて見るかどうかはメールのタイトル次第になりますが、「メルマガが来てる」と社名は認識されます。SNSの場合は、投稿がタイムラインなどに表示されるかはSNS運営会社がコントロールしています。ですから社名だけでも目に入るメルマガは、「使える販促ツール」といえるでしょう。

　メルマガは文字主体。ライティング技術を磨けば、成果まで早いのがメルマガなのです。

メルマガは、今でも使える販促ツール

SNS	メルマガ
プル型	**プッシュ型**

	SNS	メルマガ
準備期間	**数ヶ月〜 2年ほど** ・フォロワー集め ・頻繁な投稿	**1日〜** ・送信アドレス登録 ・定期的な送信
表示	**コントロール不可 （SNS運営側による）** ・フォロワー数次第 ・シェアされるか どうか	**全員に表示** ・本文が読まれなくても タイトルは目に入る

けっこう
使えるね！

特に、BtoB はメルマガ有効！
BtoC でも、顧客への再アプローチで使えますね！

065

Theme ①日 **集客** 反応 見やすさ 読みやすさ

メルマガはどうやって
送信するの？

どうやって
やればいいのか
分からん…

　メルマガの送信は、使用しているメールのBcc機能を使うものやレンタルサーバーのメルマガ機能を使用したり、メルマガスタンドを使ったりする方法があります。

①Bccを使う

　自分の使っているメールのBcc欄にメールアドレスを複数入れて、メルマガ送信する方法です。お金も掛けず手軽にメルマガ送信できます。ただし、メールアドレスにCcをいれてしまったなどのミスをする可能性があるので、ビジネスではおすすめできません。

②レンタルサーバーを使う

　ホームページやメールで使用しているレンタルサーバーでは、ほとんどメルマガ機能がついています。各サーバーによって、一度に送信できる数が違いますが、別途費用はかかりません。初めてメルマガに取り組む場合は、レンタルサーバーがおすすめです。

③メルマガスタンドを使う

　「まぐまぐ！」や「オートビズ」などのメルマガ配信機能を提供するのが、メルマガスタンドと呼ばれるサービス。料金は月額数千円程で機能はさまざまです。ターゲット別に配信できたり、メルマガ登録後に自動的に毎日メルマガを送信するステップメール機能を備えている場合もあります。無料メルマガスタンドもありますが、受信者情報を管理したい場合は不向きです。

主な方法を紹介！
メルマガは、簡単に送信できる！

メルマガ送信方法

種類	使用方法	料金	ポイント
（1） Bcc を使う	自分が使っているメールの Bcc に、送信先アドレスを「,」カンマ区切りで入力して送信	無料	○ 手軽に送信できる ✕ ミスする可能性 （Cc. で送信） ビジネス利用は避けた方が良い
（2） レンタルサーバーを使う	ホームページで使用するレンタルサーバーのメルマガ機能を利用する	無料 ※レンタルサーバーを使用している場合	○ 無料で利用可能 ✕ 送信数などに制限あり 1,000 件ほどの送信先まで
（3） メルマガスタンドを使う	インターネットで提供されているメルマガサービスを利用する	無料 有料 ※月数千円程	○ 機能が豊富 ✕ 無料は制限あり 本格運用するなら有料を使用

066

メルマガ送信先は
どうやって集める？

えっ
配信じゃないの…

「これから始めよう！」と思っても、送信する先がないと始められないのがメルマガ。実はメルマガで成果への第1ステップは、メルマガ登録者を集める、送信先を増やし続けることなのです。

送信先はどうやって集めるのか？

よくあるのが、LP（ランディングページ）を作成して、特典をつけてメルマガ登録してもらうというもの。もしくは、ホームページからメルマガ登録をしてもらう施策もよくみかけます。どちらもやった方がよい施策です。しかし、いきなり数百件ものメルマガ登録を得られると思わない方が良いでしょう。

おすすめの方法は「名刺交換した方のメールアドレスを登録」すること。ですから名刺交換するタイミングで、「メルマガを配信しているのですが、こちらのアドレスに送付してもよろしいでしょうか？」と聞きましょう。そして、必ず、メルマガには毎回「メルマガの配信解除方法」を分かりやすく表示し、いつでも解除できるような配慮をしましょう。メルマガでは、役に立つ情報や、心がなごむ内容を掲載することをおすすめします。

社長

わが社もメルマガやるぞー！

ムリです！

メルマガの送信先が
ありません…

だいじょうぶ！
方法あります！

ただし、
メルマガ送信先は
継続して収集！

メルマガ送信先を集める方法

一般的な方法

LP（ランディングページ）

ホームページ

▶ メルマガ登録

やった方がいいけど
すぐにはできない！

相当な広告費、強力な特典がないと
短期間で多数のメルマガ登録はできません

現実的な方法

名刺 たくさんあるぞ！

名刺交換した方の
メールアドレスを登録

メルマガ送付してもいいですか？

いいですよ

注意

くれぐれも、
メルマガ解除は、
分かりやすく！

067

Theme ① 1日　集 客　反 応　見やすさ　読みやすさ

メルマガは
「解除された方が良い」
のはなぜ？

えっ！
そうなの…

　メルマガの解除通知が来ると、「メルマガは迷惑なんだ。歓迎されないのなら、メルマガやめてしまおうか？」という気持ちになるでしょう。私も最初は傷ついて、しばらく悶々とした時間を過ごしていました。

　ですが、落ち着いて考えてみましょう。メルマガを受け取ってくれている人も多いのです。私の場合は、約2,000人の送信先がありますが、解除されるのは、月に1、2件くらい。あなたの場合も、送信先の方がはるかに多いと思います。その中には、楽しみに読んでいる方もいるかもしれません。私も、お会いしたときなどに「いつもメルマガ読んでいますよ」と声を掛けてくださいます。

　人は、どうしても悪いことを大きく考えがちです。脳科学によると、悪いことを大きく考えてしまうのは、人間が生き残るために身についた脳のしくみだそうです。ですから送信の数を把握し、現状を見れば、気持ちが落ち着きます。

　またメルマガ解除されたときは、こう考えてください。
　「そもそもメルマガを解除するということは、その人は見込み客ではなかった」解除されることによって、送信先の見込み客の率は高くなるはずです。

メルマガ解除します

ショック！

気持ち分かります

メルマガつまらないの？迷惑？
もうやめちゃおうかな…

落ち着いて考えてみましょう！

解除した人より
メルマガ登録者の方が
多いですよね？

メルマガ登録者

＞ 解除

実は、
読んでるよー

メルマガが解除されるほど、

見込み客ばかり
になる！

そっか

集中！

人の脳は、悪いことばかり目につきます

今、メルマガを登録されている方に
良い情報をお送りしてください！

068

読む相手を1人に決めると なぜ多くの人に 読んでもらえるの？

1人にしぼる!?

　メルマガは大体、読まれません。みなさん、日々忙しいのです。1日24時間。いくらお金を積んでも増やせない貴重なものが時間なのです。

　そのため、メルマガを書く私たちは、あらゆる工夫をする必要があります。その一番の工夫は「メルマガを読む相手を1人に決める」こと。これは、前述の「52まずターゲットを決めてから！　ブログ文章の前準備とは？」と同じことです。ターゲットから外れる方は、読まなくて済みます。実は、これも相手の時間を大切にする1つの配慮。

　もちろんメルマガを書く側にも利点があります。

　1つめは、相手が決まるとライティングしやすいこと。

　2つめは、内容が具体的になり、惹き付けられる人が多くなることです。1人に向けてライティングすることで、内容は具体的になります。例えば「みなさん、読書は大切ですよね」ではなく、具体的に「週に1冊以上の本を読む方へ」と書き出せば、「私は1日1冊読んでるけどね」という人、読書好きでなくても「え、そんなに読める人がいるの？」と興味を持つ人も。面白いことに、ターゲットだけでなく周囲の人も、メルマガを読んでくれる場合があるのです。

No.52 も参照！

メルマガを読んでもらうために
相手を1人に決める！

❌ みなさん読書は
大切ですよね

そんなの
分かってるよ

「みなさん」に向けて
書くと、ふんわりした
内容になって、

反応が薄い

⭕ 週に1冊以上
本を読む方へ！

私は
週2冊

そうそう
僕は1冊は
読む！

1冊読むか
どうかだけど…

「1人」に向けて
書くと、具体的な内容
になって、

反応が良い

ライティングが進まないとき、

「書く相手」が
はっきりしてない時が多いです！

相手がいると
文章は
書きやすい

069

読まれるかどうかは
タイトル次第

「メルマガ52号」やっちゃった！

　メルマガはタイトルで決まります。タイトルが「読んでみようかな？」という興味を惹くものだったら読まれますし、そうでなければ読まれません。1日に多くのメールを受信する状況では、どんなに良い文章で役立つことが書いてあっても、タイトルが悪ければ、読んでもらえないのです。

　ダメなタイトル例をお伝えします。

　「○○事務所通信23号」「○○会社より□□情報」という毎回同じようなタイトル。身内や知り合いは見てくれるでしょう。ですが、関係の遠い人には開封されずに削除される可能性が高いです。

　反対に読まれやすいのは、何が書いてあるのか予想できるタイトルです。「横浜中華街のおいしい店5選！」「Googleコアアップデート最新傾向が分かるセミナー」「採用を成功させる！　会社HPでの掲載内容」もちろん、興味がない人はタイトルだけ見て、読まないでしょう。それでかまいません。ですが、興味ある人はメルマガを開いてくれるので、反応率も高くなるでしょう。

　今のネット社会では、中身が分かるタイトルは、メルマガだけでなくどの媒体でも効果的な手法です。ぜひ覚えておいてください。

メルマガはタイトルが大事！

✕ ダメなタイトル

〇〇事務所通信 55 号

プリズムゲートより情報

月刊〇〇ニュース

> 内容分からない
> 開封がめんどう…

〇 良いタイトル

中華街美味しい店 TOP5

若者採用！Web 掲載はコレ

スキルアップ【おすすめ本】

> 中身が分かる！
> 読もうかな？

 ## こんなタイトルにしてみよう！

数字を入れる！ | ホームページで成果を出す5つのポイント

対象者を明確に！ | 税理士事務所が差別化する方法とは？

目的を明確に！ | 若者採用したいなら会社で SNS 運営！

> やっぱり内容が分かる
> タイトルがいいよね！

タイパ重要！

070

やってほしいことは、勇気をもって最初に！

結局、どうしたいのさ…

　相手にやってほしいことは、勇気を持って、先に書きましょう！

　その理由は、メルマガを最後まで読んでくれる人は少数だからです。メルマガを開いたら、最初の一画面は目に入ります。だからそこに「読者にやってほしいこと」を記載しましょう。

　例えば、セミナーや交流会などのお誘いを入れます。それから、そのセミナーや交流会に参加する価値や、詳細な説明を入れて、最後にまたお誘いする。このような文章展開です。

　「最初にお願いするなんて、図々しいのでは？」という方もいると思います。ですが、メルマガはそもそもビジネスで書いているもの。明確に「やってほしいこと」を書いておけば、相手もすぐ判断できるので、時短になります。そして相手が興味を持てば、すぐ行動できます。自分のマインドを優先するより、相手の時間短縮する気遣いの方が、メルマガ配信するあなたの印象もきっと良くなるでしょう。

　それに、最後まで読ませるような素敵な文章は、なかなか書けません。だから、最初にやってほしいことを書いておいた方が、相手に読んでもらえます。

メルマガ読者の
時間を大切に！

「やってほしいこと」は
先に書いてしまおう！

えー！
大丈夫？

ひとり社長は
この資料を見て下さい

仕事の息抜き
おもしろ動画です

ぜひセミナーに
ご参加ください！

スッキリ先に伝えると
好感度もアップ！

理由

なるほど！

❶ メルマガは最後まで読まれない！

❷ 自分のマインドより、相手の時短！

**❸ 最後まで読ませる「素敵な文章」は
　　なかなか書けない**

071

1日 Theme

集客　反応　見やすさ　**読みやすさ**

「改行・3行・空間」で、読まれやすく！

見づらいぞ…
とにかく…

　メルマガを読んでもらうためには、やはり「見た目が大切」です。
　画面いっぱいに隙間なく文章が書いてあったら、読みたくなくなりますよね？　見た目を作るキーワードは「改行・3行・空間」です。

【改行】
　文章の読点「、」や句点「。」で、意味が汲み取りやすいところで、意識的に改行しましょう。1行の文章は30文字以下で、改行すると読みやすくなります。

【3行】
　文章は3行まで。3行書いたら、1行以上空けて、次の文章を書く。この流れでライティングしてください。行数が多い文章は、負担になって読んでもらえないことが多くなります。メルマガはパソコンやスマホ画面で読むもの。画面で負担なく読めるよう配慮しましょう。

【空間】
　3行書いたら1行空ける。内容が変わるときは3行以上空ける。空間を意識的に作って、さらっと読めるようにしましょう。さらにメール画面の右半分に空間を作ると、見た目の圧力がなくなって、読み手にストレスを与えません。

　見出し部分や重要なお知らせの箇所に、「＋」「＝」「－」「★」などの記号を使うとアクセントになります。ただし、あまり使いすぎると、読みづらくなります。

　※メールなので、絵文字や機種依存文字を使用するのは避けましょう。

改行・3行・空間で
読みやすく！

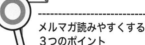

メルマガを読みやすくするには？3つのポイントがあります。それは改行・3行・空間！まず改行は、文章の読点「、」や句点「。」で改行して、読みやすくすることです。

読みたくない…

メルマガ読みやすくする
3つのポイント

それは、改行・3行・空間！

1）改行
文章の読点「、」句点「。」
で、数行で読みやすく

なるほど！

改行

読点「、」
句点「。」
意味が分かるところで
改行する！

1行30文字以下

意味が
分かりやすい！

3行

文章は3行まで

段落は、
1行以上空ける

画面で読む
から！

空間

さらっと読めるよう
右側に空間を
作る！

空間

注意

★☆＊＋▲△▼▽＝＝＝＝＝＝＝＝
記号を使うとアクセントになる！
★☆＊＋▲△▼▽＝＝＝＝＝＝＝＝

使いすぎると
読みにくく
なりますー！

072

どんな文章・長さに
するといいの？

私の状況に合わせて！

　メルマガの文章は基本、自由です。「です・ます調」「だ・である調」どちらでも構いません。ただし、メルマガ受信者に合わせましょう。専門職や研究者の場合は「だ・である調」が自然かもしれませんが、一般の方の場合は「です・ます調」が妥当でしょう。

　また相手が読む状況によっても、文章を合わせる必要があります。

　プライベートで使う商材の場合は、相手もプライベートで見ています。そのときに、堅苦しい文章で説明されては読むのがいやになりますよね。反対にBtoBの場合は、仕事中にメルマガを読むことが多いのではないでしょうか。もちろんライトな文章は合いません。相手の脳内モードに合わせることが大切ですね。

　もう1つはメルマガの長さです。文字量は800〜1000文字という記載も見かけますが、これも「メルマガ受信者」に合わせるのが正解。メルマガ受信者にとって興味ある内容で、読みやすい文章であるなら、1000文字以上でもメルマガを読んでくれます。傾向としては、弁護士や税理士など士業の方は文章に慣れているので多くの文字量を読んでくれますが、現場系で外出が多い職種の場合、画面で文字を読むのが苦手な方が多いです。

　いずれにしても、句読点がない文章、書いてある内容が把握しにくい文章、焦点が定まっていない文章は読まれません。簡潔な文章で相手に伝わる表現を心がけて、ライティングしましょう。

メルマガは読み手に合わせる！

Q 「です・ます調」が良いですか？

基本は相手に
よります

A 一般の方、お客様でしたら「です・ます調」
専門家、研究者は「だ・である調」でも OK

Q ラフな感じより、丁寧な文章がいいですよね？

全てにおいて丁寧にすると
いまいち…

A 相手が読む状況に合わせます
プライベートな時に堅苦しい文章は
読みたくないですよね？

Q メルマガは 800～1,000 文字ですよね！

現場系の人へは
簡潔に！

A 相手に合わせましょう！
一般的に文章を読み慣れている人には
文字数が多くても大丈夫です

文章の長さに
決まりなし

**メルマガは興味があれば読んでくれます
いつでも簡潔に相手に伝わる文章を！**

× 句読点ない   × 回りくどい表現   × ネタ入れすぎない

073

1日 Theme　集客　反応　見やすさ　読みやすさ

メルマガネタは
どうやって見つける？

体験談書いた
ことなかった…

　いくら文章の書き方を学んでも、ネタがないと書けません。書けば書くほど、ネタは見つけやすくなるとはいえ、最初はなかなか難しい。
　メルマガは、基本的には告知するもの。告知は「セミナー申し込み」や「ブログ記事を見て欲しい」、「商品を購入してほしい」などですね。それらの告知を読んでもらうために、情報提供のネタが必要になるわけです。

　まずは、自分のスケジュール帳の過去3日間を開いてください。その上で、告知に関連することを思い出してみましょう。例えば「採用ホームページの作り方」の場合、お客様と採用に関わる話をしたとか、社内スタッフの就活体験を聞いたなどのものがあると良いです。3日間と区切る理由は、時間を区切ると思い出しやすいからです。

　告知はそもそも自分の仕事と関連しているはずで、毎日仕事をしていれば、必ず何かネタがあるはずです。「昨日、採用活動をしているときに、うちの『社員プロフィール』ページを学生が読んだって言ってた」など思い出しましたか？　それをメルマガネタにしてしまいましょう。
　「こんな些細なことで大丈夫？」と思いがちですが、このような体験談は、1つの情報提供でもあるのです。

メルマガのネタが・・・
何か良いネタの見つけ方は？

時間区切りのネタ出し

SNS セミナーを告知したい

① 告知したいことを１つ
このメルマガで告知したいことを１つに絞る

そういえばSNS のこと聞かれた・・・

② 自分のスケジュール過去３日間
その間で、告知に関連した出来事を見つける

SNS フォロワー増えない悩みを書こう

③ その出来事をネタにする

そこからSNS セミナー告知だ！

体験談の方が読まれます！

ととのった文章より、こんな人と「○○」と話した。
という体験談の方が読まれるんですよー！

074

読む価値がすぐ分かる
タイトルとは？

うーん、分かりづらい

　この項ではメルマガをさらにレベルアップさせるために、タイトルを掘り下げます。人はメールのタイトルを見て、開封するかどうかを判断すると説明しました。さらに、開封率を上げるためには、タイトルでベネフィットを伝えることが大切です。要するに、タイトルから「あなたのメルマガを読む価値」を伝えることです。

　例えばタイトルが「Z世代は会社を自己成長の場と捉えている」の場合、メルマガに書いてある内容は分かります。内容は分かるけど「Z世代はこんなことを考えているんだね」と相手は思うくらいでしょう。

　では、ベネフィットを伝えるタイトルに変更してみます。「若者採用！　把握すべきZ世代の会社観」このようにタイトルに書いてあると、「このメルマガに書いてあるZ世代の会社観を読むと、若者の採用に成功するかもしれない」という気持ちになりませんか？　これが「メルマガを読む価値」になります。

　今は情報過多の時代。あまりに多くの情報が目に入るので、どれが自分に価値があるものなのか、いちいち考えている時間がありません。ですから、一歩進めて「この情報が何の役に立つのか？」とベネフィットをタイトルで先に伝えることが、メルマガが読まれる秘訣になります。

メルマガのタイトル レベルUP！
「読む価値」を伝える

✉ メルマガの基本 ✉

「本文に何が書いてあるか」 伝える

それは分かってるよ

✉ タイトル
Z世代は、会社を 自己成長の場と捉えている

→

まぁ、そんな感じだよねー！

レベルUP！「読む価値」

✉ タイトル

若者採用！把握すべき Z世代の会社観

→

うちも若者採用したい！これは読まなきゃ！

どれを見るか？選ぶのたいへん！

今は、情報過多な時代
「この情報が何の役に立つか」 先に伝えましょう！

075

形式や内容よりも「継続が強い」って本当？

継続…

　ここまでメルマガのライティングをいろいろお伝えしてきましたが、最後に、一番大切なことをお伝えします。それは、メルマガから成果を出すには「継続」が一番大切だということです。

　心理学でも接触頻度が増えるほど人は好意を抱くという「ザイオンス効果」と言われるものがあります。それとメルマガも同じ。メルマガを送付して開封されなくても、あなたの名前や社名だけでもチラッと目に入れば、単純接触１回です。毎週定期的に目に入れば、なんとなく名前を覚えてもらえたりします。「いつものあの人ね」というくらいの気持ちで、少なくとも嫌な気持ちにはならないでしょう（嫌な人はメルマガ解除しますので、それはそれで良しです）。

　知らない人にいきなり「セミナー行かない？」と誘われるより、よく会う人から誘われた方が「行ってみようかな？」と考えますよね。同じような現象で、メルマガの継続で、よく会う人のようになれるのです。だから、メルマガは継続させましょう。たとえ途中休んでしまったとしても、そこでやめずに続けましょう。

　形式や内容を気にしすぎてはいけません。回数を重ねた方が、ライティングは上手になります。メルマガを定期的に送信してください。その継続が、成果につながりやすい一番の方法です。

メルマガで一番大切なこと

やっぱりね…

継続！

毎週がムリなら
隔週でも！

途中、休んでもいいです。
やめないことが重要！

**メルマガ読者は
こう思っている**

ときどきしか
読めないけど

あの人から
メルマガ届いた

**メルマガ続けて
えらいなー！**
都合が合えば
セミナー参加したい

そうなのか！

メルマガって送信しても反応ないし、
全然ムダだと挫折しそうだったよ！

ザイオンス効果！

がんばる！

メルマガ送信で
好感ポイント UP！

メルマガを出し続けよう！

競合のホームページは何社くらい見れば良い？

　競合となるホームページは、10社程度を見れば十分です。
　要するに、Google検索して、その結果画面1ページ目に表示される競合サイトを見るということです。
　検索結果2ページ目の検索11位以降は、クリック率が1％台と言われていますので、競合として見る必要はないでしょう。

　より大事なのは、どのように競合のホームページを見るか？　ということです。
　例えば、「ホームページ制作会社」で検索してみて、同業種の会社ホームページを見てください。
　検索結果の中に、キュレーションサイトと呼ばれるまとめサイトが出てくる場合もあります。そこを覗いてみるのもおすすめです。
　一般の人は、まとめサイトも見て参考にしている場合も多いからです。

　競合サイトを見る時には、単なる分析でなく「お客様になり切って」ホームページを見て下さい。競合のサイトとページ数や情報量で分析して、それを上回ったとしても、なかなか成果になりません。人は感情で動く生き物だからです。単に「ここ良さそう」と思ったら、連絡や購買など行動するものです。競合を見るときには、ホームページからどんなイメージを与えているのか、どんなことが書いてあるのか、購買やお問い合わせしたくなるか。これらのことを「お客様になり切って」チェックしてみてください。

　競合チェックで一番重視するポイントは、ファーストビュー（最初の画面）です。
　ネットを見ているとき、多くの人は最初の画面で読むか読まないか0.5秒で判断するからです。
　ここが良くないと、まず読みません。したがって、成果も出せません。
　ファーストビューでどんな印象を受けるか？　欲しい情報はあるか？　どんなサービスか分かりやすいか？　連絡したくなるか？
　以上をチェックして、競合で「これいいな！」と思った要素は、ぜひ自社にも取り入れてみてください。

第5章

集客力を爆上げする！
SNSの
ネットライティングをマスター

SNSは「上司の指示に従う」と100％効果がでない
多くの企業ではホームページ以外に、複数のSNS運用をしています。
「ネット検索しない」ユーザーも増えてきました。
ネットライティングでは「スピード」と「状況に合わせること」が超重要。
正直なところ、上司の指示どおりの内容を投稿すると時間がかかるうえ、
詳しくない上司の指示を聞いたうえで作る投稿の効果はほぼありません。

※本書では、X（旧Twitter）、Instagram、Facebook、YouTubeを取りあげます。

Google 検索
使ってない！？

SNS は
ヘタに口出し
できないな…

SNS で検索
するのか！？

076

Theme ①日　集客　反応　見やすさ　読みやすさ

SNSは「まず育てる」時間が必要！

えっ
すぐに効果が
でるんじゃないの？

　SNSは、今日やって明日成果が出るツールではありません。「育てる時間」が必要です。育てるというのは、フォロワー数（あるいは登録者数）を増やすこと。SNSでは「フォロワー数が全て」と言っても過言ではありません。フォロワー数が多ければ、あなたの投稿を目にする人が多くなって成果が出やすくなるからです。逆に、少なければ、見てくれる人がほとんどいないので、成果になりません。

　フォロワー100人と100万人では、アリとゾウくらい存在感が違うということです。「アリのままでは、誰も気づいてくれない」ということを受け入れるしかありません。

　SNSを運用すると決めたら、まずは、あらゆる手段でフォロワー数を集めましょう。「育てる」期間は平均2年、という専門家もいます。2年を長いと思う方も多いかもしれません。ですが、将来に備えるために、今すぐ取り組むことをおすすめします。

　実は今、10代〜20代はGoogle検索をせず、InstagramやYouTubeなど自分のよく使うSNSで知りたいものを検索しています。将来は、こういったユーザーが多くなります。そのための備えは、必要だと思いませんか？

最初に
厳しいことですが…

SNSはすぐに成果は出ません

育てる時間 が必要！

→ フォロワー数を増やす！

フォロワー数の差は
影響力の差

ちょっとつぶやくだけで
成果になるぞう！

フォロワー
100万人

フォロワー
100人

だれも見て
くれないー！

今の若者

見るのは SNS

SNSで検索でしょ！

**Google 検索
ほとんど使わない…**

時間が経てば…　　SNS主体の
人が増えていく…

育てる時間が必要だから
SNS は今すぐやるべき！

✕ 今日 SNS を始めた！
明日から成果が出る

077

各SNSでの
文章の特徴と役割とは？

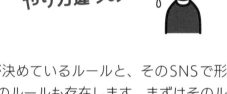

えっ、
やり方違うの…

　SNSではそれぞれ、運営元が決めているルールと、そのSNSで形成されているコミュニティ独特のルールも存在します。まずはそのルールに沿った投稿をしないと、フォロワー数は増えません。

　まずは、どんなアカウントでフォロワーが多いのか、どんな投稿がウケているのか、しっかり観察するところから始めましょう。そして、自分の投稿を合わせていくことによって、フォロワーを少しずつ得ていきましょう。

　各SNSの投稿文章ルールと役割を、下記と右の図解でまとめます。

【X（旧Twitter）】1つの投稿は140字まで（有料Xプレミアムにすると現在2万5000文字）。Xは文章が主体のSNSとして運用されてきましたが、現在は画像や動画も投稿可能
【Instagram】1つの投稿は2,200字まで。画像や動画主体のInstagramでは、文章はその補足的な役割
【Facebook】1つの投稿6万字。長文が投稿可能なので、文章でストーリーを伝えるなど、様々な役割を果たします
【YouTube】タイトルで100字、チャンネルの概要欄は5,000字まで。動画主体のSNSなので、文章は動画の補足的な役割

各 SNS 文章の特徴・役割

しっかり観察しましょう！

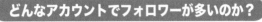

どんなアカウントでフォロワーが多いのか？

どんな投稿が、ウケているのか？　など

自分の常識は通用しない…

※2023 年 11 月現在

X（旧 Twitter）　エックス

文章主体でリアルタイム SNS として発達

- ▶ **投稿 140 字まで**（有料版 X プレミアムは 2 万 5,000 字まで）
- ▶ **文章の他、画像、動画も投稿可能**

Instagram　インスタグラム

画像主体の SNS　女性ユーザー多い（ボリュームゾーン 10 代 20 代）

- ▶ **投稿 2,200 字まで**
- ▶ **画像、動画（リール）が主体　文章は補足的役割**

Facebook　フェイスブック

老舗 SNS　本名で 40 代以上のユーザーが多い

- ▶ **投稿 6 万字まで**
- ▶ **長文投稿できる　画像・動画も投稿可能**

YouTube　ユーチューブ

動画の SNS　全世代が使用している

- ▶ **タイトル 100 字まで　チャンネルの概要欄 5,000 字**
- ▶ **動画が主体　文章は補足的役割**

078 ①日 Theme

集客　反応　見やすさ　読みやすさ

採用までできる!?
いまどきのSNS利用法

ウソ…

　知っていますか？　今の10代20代の若者は、1日中ずっとスマホを触っていても、Googleなどのネット検索を1回もしない日もあるそうです。何を見ているのかといえば、SNS。自分がよく使っているSNS内で、検索も完結させてしまいます。利用者に合わせて各SNSも進化して、検索機能が強化されてきています。だから最近は、SNSで採用を成功させている会社が多くなってきているのです。

　最近のユーザーは志望する会社のSNSでの投稿を見て、そこから会社ホームページを見るようです。SNSで会社に好意を持ってくれたら、かなり採用には有利になります。

　一方、求人サイトに掲載するには、その都度費用が発生します。求人サイトも1つではありません。あちこち掲載して数百万円程かかることもあり、小さな会社では大きな負担になります。さらに、求人サイトでは、決まった条件で検索されますので、競合も多く、大きな会社には太刀打ちできない場合もあります。

　上記のような変化を考えると、今後若者の採用を成功させるにはSNSを使ったほうが有利と判断できるでしょう。

採用までできる！ SNS 利用法

SNS は、
テレビより情報早いし
信じられるよ！

店はインスタで調べて、
分からないことは YouTube
ニュースは X だね！

若者は、就職活動も SNS を見る！

 中小企業の採用活動は
SNS 利用が有利！

| 今までの求人 | SNS 利用の求人 |

いいことだけ
書いてあるしね

求人広告費
数十万円～数百万円

へぇー
おもしろい
会社

この会社って
こんな仕事！
こんな人もいる！

SNS でファン化

 中小は
不利だなぁ
応募がない
場合もあり！

 応募
しようかな！
SNS で
求人！

079

「１投稿１ネタ」の掟

いっぱい盛り込んではダメ!?

　SNS投稿は文字数制限を考慮する必要があります。１つの投稿で伝えることを欲張ってはいけません。「１投稿１ネタ」が基本です。

　「当社の朝礼はいつも社長の話にはじまり、各部署からの連絡、それから20代の部下が…」このようなだらだらと結論が後になる文章は、誰も読んでくれません。同じ朝礼ネタでも「１投稿１ネタ」に絞って「20代の部下から、おじさんビックリ！　な話を聞きました！それは…」という投稿の方が、読んでみたいと感じますよね？

　SNS投稿の文章を書く時、多くの人が、１つの投稿に内容を詰め込みがちです。ですが、SNS運営では、１投稿１ネタで投稿数を多くしたほうが有利。そして、運営元から投稿頻度が高いアカウントと見なされます。その結果、アカウントの投稿表示が多くなることも覚えておきましょう。

　反応が良い投稿にするには、投稿して反応を見て調整をする、その繰り返しで精度を上げていくことが必要です。

　フォロワー数が多く、成果が出ていそうなアカウントをぜひ観察してみてください。どこも基本的には、投稿数が多いことに気づくはずです。

SNS 投稿は、
1投稿1ネタ！

✖ 投稿
当社の朝礼は、社長の話からはじまり、各部署からの連絡、それから 20代の部下が今日は話しまして、、、

◯ 投稿
20代の部下から、おじさんビックリ！！な話を聞きました！それは、、、、

えっ！
なになに？

 注意

読む読まないの判断 **0.5秒！**

1投稿1ネタなら **投稿数を増やせるね！**

メリット

好印象！

マメに投稿してるね！

SNS

表示回数が増える！

投稿スキルが上がる！

こんな投稿が反応いいな！

080

Theme 1日 集客 反応 見やすさ 読みやすさ

どんなSNSでも
プロフィールが命！

適当に書いてた…

投稿がバズったとしても、それだけではビジネスには結びつきません。ビジネスに結びつくかどうかは、プロフィールが左右すると言っても過言ではありません。もちろん、プロフィールはフォロワー数にも影響を与えます。

いずれにしても、気になった投稿を目にしたら、「その投稿を行っている人は誰なのか？」とプロフィールが見られます。ですから、プロフィールは命！

SNSのプロフィール作成では「短文・見やすく」が最優先。最初の30文字程度しか表示されないSNSもあるので、重要なことは先にもっていきましょう。「です・ます調」より「体言止め」を意識すると、短文にしやすいです。絵文字も使用して構いません。

ビジネスでSNSを運用する場合、以下を必ず入れましょう。
・自分の名前、会社名、どんな仕事をしているか
・どんな人向けに発信するか（ターゲット）
・どんな内容を投稿する予定か

プロフィールでは、必ず連絡先が分かるようホームページのリンクを入れましょう。その場所はSNSによって違います。プロフィール内に書く場合、別途入力できる項目がある場合もあります。

成果につなげるためには…
プロフィールが命！

そうなのか
整えなきゃ！

プリズムゲート株式会社【公式】
@prismgate48　フォローされています

＼IT苦手の味方／集客ホームページ制作23年🔗プリズムゲート（株）🔗公式アカウントです。ベテラン社会人や子どもでもわかるよう💡インターネット📖Web情報をカタカナ専門用語を極力排除してお伝えします😊

📍神奈川県横浜市　🔗 prismgate.jp
📅 2022年5月からTwitterを利用しています

11,645 フォロー中　**11,135** フォロワー

芝田 弘美
友達 **1,885人**

プリズムゲート（株）代表取締役
Web業界27年/Webコンサルタント/首相官邸、総務省など官庁、中小企業・士業/集客・採用ホームページ制作＋運営サポート
日本舞踊（坂東流 師範）・空手黒帯三段

プロフィールに入れる内容

どんな人か
気になる！

- 自分（会社）の名称
- 何者か？（肩書き、キャッチコピーなど）
- どんな仕事をしているのか？
- どんな人に向けて発信するのか？
- どんな内容を投稿するのか？
- 連絡先（ホームページ URL など）

SNS で用意されているプロフィール欄、基本情報は、全て入力！

081

Theme 1 日

集客 反応 見やすさ 読みやすさ

【X （旧Twitter）】
まずはフォロワー。質より数

えっ、そうなの…

　X（旧Twitter）は、リアルタイムな情報共有のために2006年から始まったSNSです。当初は文字のみでしたが、現在では、画像や動画も投稿でき、さらにラジオのような音声のリアルタイム配信・会話機能（Xスペース）もあります。1投稿の文字制限は140文字。有料版にすると2万5,000字の投稿もできるようになりました（2023年11月現在）。

　特徴は、拡散力がSNSの中で最も高いこと。リアルタイムの情報が多く集まるので、テレビなどのメディアは、X内でニュースを探しているケースも見受けられます。メディア露出を視野に入れるなら、Xの運用は必須でしょう。

　運用を始めてすぐは、フォロワー集めに注力しましょう。最初は「質より量」。フォロワー数が多くなればなるほど、さらにフォロワーが集まります。

　そして、投稿の質を高めるのはあとからで構いません。最初のフォロワーの集め方は、「相互フォロー」と書いてあるアカウントをフォローすること。そして、相手からフォローされるのを待つ（フォローバック）というのが、基本的な手法です。ただし、一度に多数（例えば数百とか）のアカウントをフォローしてしまうと、運営元からペナルティを課されることがあります。コツコツと根気よくフォローを続けることが大切です。

X（旧 Twitter）の特徴

X は、リアルタイムな
情報共有のために始まった SNS

投稿は、140 字以内
写真、動画も OK!

※有料版は、2.5 万字まで

「拡散力」は SNS の中で 1 番！

電車の遅延も
すぐ分かるー

リポストで
すごいブームが
起きるんだよね

フォロワー数を伸ばすのが大切！

がんばって投稿しても
なかなか見てくれない…

まずは、
相互フォローアカウントを
フォロー！

フォロワー数を増やす
活動をしましょう！

基本 最初は、
フォローしないと、フォロワーは増えない！

※有料版は、投稿が表示される回数が多いので、多少有利。

注意 時間をおいて、少しずつフォローしましょう！
一度に大量フォローは、ペナルティを受ける場合があります

082

Theme 1日

反応 見やすさ 読みやすさ

【X（旧Twitter）】
多くの人に読まれる投稿ネタを作る

どうすれば…

　フォロワー数が少ない時には、いくらポスト（投稿）しても、見てもらえません。あなたの投稿は、フォロワーのタイムライン（最初に表示される画面）に表示されるものだからです。フォロワーだけでなく、多くの人に見てもらえるよう工夫が必要です。

　まずは、投稿ネタは多くの人に読まれているものを参考にしましょう。調べ方は、次のとおりです。

①「話題を検索」をクリック。そこで、「おすすめ」「トレンド」を見ると、人気のキーワード（トレンドワード）やハッシュタグが分かります。

②人気のキーワードやハッシュタグを入れた投稿をします。結果、あなたのツイートの表示数（インプレッション）が上がります。ハッシュタグというのは「＃〇〇〇」とキーワードの前に、半角のシャープ記号「＃」が入っているものを指します。ハッシュタグをつけることで、同じキーワードでの投稿をすぐ検索できたり、趣味・関心の似たユーザーで話題を共有できたりします。Xでは、ハッシュタグは「1つの投稿に対して2つまで」を推奨しています。また、人気のハッシュタグは、ネット上のハッシュタグランキングでも調べられます。

もっとたくさんの人に
見てもらいたい！

トレンドキーワード
ハッシュタグ
をチェック！

トレンドキーワード

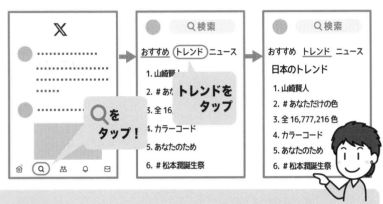

Q検索

おすすめ **トレンド** ニュース

1. 山崎賢...
2. # あな...
3. 全 16,...
4. カラーコード
5. あなたのため
6. # 松本潤誕生祭

**トレンドを
タップ**

Qを
タップ！

⌂ Q ⚏ 🔔 ✉

Q検索

おすすめ **トレンド** ニュース

日本のトレンド

1. 山崎賢人
2. # あなただけの色
3. 全 16,777,216 色
4. カラーコード
5. あなたのため
6. # 松本潤誕生祭

「トレンドキーワード」「#（ハッシュタグ）」を
使った投稿をしましょう！

表示数（📊 インプレッション）が上がります。

ハッシュタグ

𝕏

ハッシュタグ
おすすめアイテム

投稿文の中に、
ハッシュ記号から始まる「#○○○」
これがハッシュタグと呼ばれるものです

・同じキーワードで投稿検索できる
・興味関心の似たユーザーで話題共有

ハッシュタグは
1つの投稿に2つまで
推奨

083

【X（旧Twitter）】
マネっこ作戦で
文章を書いてみる

自分で考えてた…

がーーん

　Xの投稿は独特です。「文字制限が140字って、どうやって書けばいいんだー！」と最初は戸惑うかもしれません。やはり数多く投稿文章を書いて、早く慣れるしかありません。

　一番手っ取り早い上達方法をお伝えします。

　フォロワーが多いアカウントの投稿文章を真似て書いてみる、「マネっこ作戦」です。ただし、芸能人やユーチューバーなど、元々の有名人はおすすめできません。有名人の場合は、その名前でフォロワー数やインプレッション数も多く、どんな投稿でも「いいね」が多くつきやすいからです。

　まずは自分の専門分野に関するキーワードで検索してみてください。そこで、インプレッション数、いいね数が多い投稿を見つけましょう。その文章形式を真似て書いてみます。もちろんその内容は、自分独自のコンテンツです。きっといろいろなことに気づくはずです。

　　・文章は「です・ます調」でなく、体言止めが多い

　　・絵文字が区切りのように使われてアクセントになっている

　など、こういったことを真似て投稿を続けると、文章を書くのに慣れて、短時間でライティングできるようになるはずです。

なかなか
書けん…

140字って、書くの
むずかしいんだけど…

分かります…
私もそうでした

X（旧Twitter）投稿の上達法

マネっこ作戦

① アカウント探し

- ✖ 有名人のアカウントは避ける
- ◎ 同じような専門分野で
  フォロワー数が多いアカウント

② 投稿探し

- ✖ インプレッション・いいね数
  が少ない投稿
- ◎ インプレッション・いいね数
  が多い投稿

③ 観察

どんな投稿内容か
よく観察する

なるほど
こんなネタか

よし！
こんな感じで
投稿してみよう

そのうち慣れて
自分の投稿
スタイルが
できます！

084

Theme 1日

集客　反応　見やすさ　読みやすさ

【 X（旧Twitter）】
炎上は怖い？
実は、ほとんど起きない

　炎上とは、好意的でない多数のコメントが集中的にされることです。

　匿名性があり、投稿を拡散できるリポスト機能があるXでは、炎上が起こりやすいと言われています。

　しかし実は、炎上が起こる確率はごく少数です。今まで私の周囲で炎上が起こっていることを見たことがありません。総務省の令和元年「情報通信白書」では、「批判されている人を、ネットで批判した」経験がある人は1.1％と記載されてもいます。

　ただし炎上すると、企業イメージが悪くなるので、できれば避けたいもの。そのための対策として、投稿は「ユーザーを明るい気分にするもの」もしくは「ユーザーに役立つ情報」に重点をおきましょう。

　炎上は、ネガティブな悪口や悪ふざけ、社会的非常識、間違った内容での投稿から起きるケースが非常に高いです。まずは、「人を傷つけない」「誤解を受けない」内容であるかどうか、そういったことは上司に確認を受けて投稿しましょう。

炎上は、ほとんど起きない

炎上が怖くて投稿できない

炎上は、ほとんど起きません！

炎上加担する人は 1.1%少数と言われてます

印象を良くする！

投稿内容をポジティブに！

①人を「明るい気分」にさせるネタ

②人に「役立つ」情報

悪口

非常識

間違い

悪ふざけ

そもそも
こんな投稿
しないよ

- 人を傷つけない
- 誤解を受けない

確認してから
投稿！

085

【 X （旧Twitter）】
「いいね」の数が
少なくても効果を狙える

？

そうなの…

　Xで投稿すると、その反応が気になります。

　もちろん、あなたの投稿に共感してもらった証の「いいね」数が多いのは、良いことです。ただし、「いいね」の数で一喜一憂せず、淡々と「人を明るくする」「役に立つ情報」の投稿を継続してください。イーロン・マスク氏は、「ユーザーの90％以上は投稿を読んでも、リツイートや返信、『いいね』をしていない」と過去にコメントしています。

　まずは「いいね」数より、表示回数を表す「インプレッション」の方を注力しましょう。Xの特長は、何より拡散力。それを生かすためにも、どんな投稿をすれば、インプレッションが上がって表示されることが多くなるのか、身につけておくことが重要です。営業でも10人より、1,000人に告知する方が、成約件数や受注件数が多くなりますよね。

　フォロワー数がまだ1万人以下の場合は、特に意識してトレンドワードを使って投稿しましょう。インプレッションが多くなるはずです。

　とはいえ、トレンドワードを見ても単語の意味が、よく分からないこともあるでしょう。Xの世界のトレンドは、テレビやニュースとは違うからです。まずは自分に分かる単語が出てきたら使ってみてください。

ショック！

がんばって
投稿したのに…

「いいね」を
全然押してもらえ
ないんだけど…

大丈夫！

そもそも
**投稿を読んでも、90％以上は
「いいね」など反応しません！**

まずはインプレッションを上げてみよう

表示回数が上がると、見てくれる人が多くなります

**トレンドワードを使った投稿を
してみよう！**

Qを
タップ！

トレンドワードを
投稿文に
入れてみよう！

トレンドワードや
#ハッシュタグを使うと、
インプレッションが上がるね！

086

【Instagram】アカウントのコンセプトに沿って投稿

映え狙いは
ダメ？

　Instagramは、写真や動画が中心の投稿で、女性の利用者が多いSNSです。「インスタ映え」という言葉が流行りましたが、現在ではそれが成熟し、リアルなものが求められる傾向も見受けられます。さらにメッセージ機能も追加され、今ではLINEを使わずインスタのみで連絡を取り合っている10代・20代のユーザーも多くなっています。

　継続的にフォロワーを増やしていくためには、アカウントのコンセプトを立てた上で運営することが重要になります。

　まずはターゲットの決定からです。そして、そのターゲットに対して、「このアカウントを見ると何が得られるのか？」が分かる投稿を続けていきます。すると、運営元がアカウントの特性を認識し、同類の趣味や趣向を持つユーザーへの表示がされやすくなります。

　その上で、次のようなフォロワーを増やす活動を継続することが大切です。

・競合他社のアカウントをフォローしている人をフォローする
・他のアカウントに「いいね」や「コメント」を入れ、アクションする
・リール（縦型動画）を投稿
・ストーリーズを投稿する

インスタ開始 2010 年〜成熟した SNS へ
情報収集・ショッピングに利用されている

インスタ運営のために

継続的に「フォロワーを増やす」活動を！

アカウントのコンセプト
しっかり組み立てる

①ターゲットを決める
（ペルソナ）

28 才
女性

Web
デザイナー
目指す

②ベネフィットを作る
このアカウントを見ると何が得られるか？

Web スキルが
理解しやすい！

| フォロワーを増やす
活動例	リール（縦型動画）を投稿
	「いいね」「コメント」を入れる
	ストーリーズを投稿
	競合アカウントをフォローしてる人をフォロー

087

① 1日
Theme

集客　反応　見やすさ　読みやすさ

【Instagram】
写真・動画は
キャッチでつかう！

写真がメイン
なのでは…

　1万以上のフォロワーのアカウントや集客しているアカウントを
よく観察してみてください。写真だけでなく、文章が書かれた画像数
枚の投稿が多く、さらに投稿の文章も書かれています。インスタでも
ライティングは重要です。

　今の10代20代は、インスタを「情報収集の場」として使っています。
「おいしいお店」などの検索だけでなく、「仕事でのスキルアップの知
識」なども探しています。当然投稿内容をさらに詳しく知りたいとき
は、投稿の文章も読むはずです。投稿に関連する「LINE登録」や「セ
ミナー告知」が書いてあったら、アクションを促すことも可能です。
ですから、写真・画像をキャッチとして注目させて、「文章で詳細を
記述するというライティング」が必要になります。

　ただしInstagramは、投稿文章中にホームページへのリンクがで
きません。リンクが入れられるのはプロフィールのみ。ですから、投
稿中ではプロフィールへの閲覧を促し、プロフィールから受け皿にな
るホームページへのリンクを入れておくことが大切です。

　インスタの投稿文では、ハッシュタグ（「#カフェ」など）を有効に使う
ことも大事です。ハッシュタグは検索で表示されやすくするために必
要なもの。文章の最後には必ず、適したハッシュタグをつけてくださ
い。

インスタは写真メインだから
文章必要ないよねー！

文章は大事！

最近はちがってますよー

画像・動画でキャッチ　文章で集客！

キャッチ

あ、この画像いいな…

情報収集

詳しく見て見よう！

文章読む

行動する

特典もあるしLINE登録しておこう！

この人に会ってみたいなー

注意 Instagramで、リンクできるのは
プロフィール、ストーリーズのみ

プロフィール

ストーリーズ

プロフィールから
自社サイトや
LINE登録
などへの導線を
作っておく

投稿では
リンクを
できないです

088

Theme ①日／集客／反応／見やすさ／読みやすさ

【Instagram】よく見る文字画像の構成と書き方

全然考えてなかった…　がーーーん

　Instagramでは写真だけでなく、画像に文章を入れることも多くなっています。文字画像は目につきやすく、複数枚入れることが可能ですので、情報提供を行う際にはかなり有効な手段です。この項では、文字画像の構成と書き方をお伝えします。

　まずは文字画像の形式。1枚ごとの画像には、「キャッチになる一言」＋「補足する2行程度の文章」を基本的に入れます。もちろん、大きい文字だけの場合もあります。いずれにしても、スマホでみやすい程度に文字の大きさ、文字数調整をすることが必要です。

【構成】5枚以上の画像
①キャッチになる一言や問いかけなど
②その後の展開（答えなど複数枚）
③まとめ・コメント
④もっと知りたい方への案内（フォローなどへ促す）
【例】
①Web会社どこが良い？
②まずは会ってみるのが一番！／ヒアリングをしっかりしてくれる／事例が多い／カタカナ言葉を分かりやすく説明してくれる／継続しているクライアントが多い
③やっぱり相性！　気兼ねなく話せる人ならいいですね！
④Webの役立つ情報配信中！　ダブルタップ・保存してね！

よく見る文字画像

思わず、見ちゃう！

指でスライドして見られます

文字画像の形式・構成例

キャッチ
になる一言

補足文章

5枚以上
10枚までが
ベスト

推奨サイズ

正方形
1,080× 1,080 ピクセル

横長
1,080× 566 ピクセル

縦長
1,080× 1,350 ピクセル

例

① キャッチになる一言
　問いかけなど

② その後の展開
　理由や事例など複数枚

③ まとめ・コメント

④ もっと知りたい方へ
　フォローなどを促す

1
ホームページ
作りたい！

Web 会社は
どこが良い？

2
まず
会ってみる！

いちばん
早い！

3
チェック！

ヒアリング
しっかり
してくれる

4
チェック！

事例が多い

5
チェック！

カタカナ専門用語

分かりやすく
説明して
くれる

6
チェック！

継続クライアント
多い

7
やっぱり相性！

気兼ねなく
話せるのが
いちばん！

8
ネットお役立ち情報
発信中！

Web

ダブル　　保存
タップ　してね

089

【Instagram】「共感」「納得」「提案」で分かりやすく！

損得が重要
だと思ってた！

　人は、共感すると、「その人の話を聞いてみよう」と考えるはずです。インスタに限らず、各種SNSやホームページ文章でも共感をよぶ文章は大切です。共感をよぶ文章とは、「同感！」「分かる！」「そうそう」「私も同じ」と思われる文章のこと。

・毎日のSNS投稿うんざり？
・集客したい！　でも押し売りしたくない…
・心の余裕　持ててる？
・自分の思ったことを言えなくてモヤモヤ…
　のような日頃の悩みを冒頭に掲載すると、「読んでみようかな？」と思ってくれます。

【共感】毎日のSNS投稿うんざりするときありますよねー。継続は力と分かっちゃいるけど…
【納得】そんな時は、休みましょ！　スマホ持たずにお出かけ。今まで気づかなかったことに気づくよ。何より、紙にメモするのは楽しい♪　自分がどこで詰まっていたかも分かったり。
【提案】やってみたい！　と思ったらダブルタップしてね

　すぐ売り込みはNG。ファンができれば、セミナーなどの告知も反応を得られるようになってきます。

そうそう
分かるー！

人間は、感情で動く！
SNS・Web では共感文章が大切です

共感文章とは？

あるある！

SNS 見るのが
うんざり
する時ありません？

そう！
分かる！

集客したい！
でも **押売り**
したくない…

そうそう
ないかもー！

この
2ヶ月
休みなし

ちゃんと
お休みデー
ある？

僕も
同じ

思ったことを
言えなくて
もやもや
することある？

見た相手が、こんな気持ちになる ＝ 共感文章

共感 ▶ 納得 ▶ 提案

例

営業したい
けど、

何か押売り感
出てる？汗

▶

そんな時は
お客様の話
を聞く

なるほど！

▶

営業に役立つ情報
配信中！

無料メルマガ
登録で特典ゲット！

それなら
登録しておこう

090 ①日 集客 反応 見やすさ 読みやすさ

【Instagram】
集客を狙うなら情報提供
ネタでファンを増やす

えっ！
商品を紹介
しちゃダメ？

　インスタだからと単に、旅行先の綺麗な風景や食べ物の写真ばかり掲載するのはNGです。また、商品やサービスを紹介するのは、もっとNGです。初対面の知らない人から、興味もないのに商品やサービスを説明されたら「押し売り？」とイヤな気持ちになります。反対に、よく知っている人から興味がある商品やサービスのことを伝えられたら「知りたい！」という気持ちになるでしょう。ですから「知っている人」になるために「継続した投稿」を心がけましょう。重要なのは、興味を持ってもらうための「情報提供」です。

　そのネタは、あなたのターゲットが「知っていると役立つノウハウ」です。

　Instagramで読まれるために、特に気を付けるのが、「感情」を加えること。ノウハウ説明では固い内容になりがちです。例えば、「業者選定方法」でなく「どの業者が良いか分からない！　スッキリ決定の方法」とか「綺麗な撮影方法」ではなく「美肌に写るうれしい撮影テクニック」など。こういった表現一つで「読まれるかスルーされるか決まる」ということを常に意識してください。

インスタで集客につなげる

102	552	123
投稿	フォロワー	フォロー中

Web ライター【集客・採用】
士業ホームページ専門

税理士・社労士資格あり
Web マーケティングからのライティング
メルマガでネット営業のコツも配信中

🔗 リンク URL

アカウント設定

「こんな情報が手に入る」
というコンセプトを明確に！

▼

コンセプトに沿った
情報提供ネタで投稿を続ける

▼

コメントやいいねなど交流して、
見込客を集める

▼

集客につながる

NG

旅先の風景、食べ物写真の掲載
いきなり商品の売り込みは NG

運営元や
見込客に
嫌われ
ちゃいます

情報提供ネタ

あなたのターゲットが
知ってると役立つノウハウ

読まれるために
**伝え方の
工夫を！**

例

❌ 業者選定のノウハウ
⭕ どの業者がいいのか分からない！
　 すっきり決定の基準とは？

❌ きれいな撮影方法
⭕ 美肌に写るうれしい撮影方法

091

【Facebook】ネットワークを継続しやすい？

使ってなかった…

がーーん

　「今どきは使われてない」と言われるFacebook。

　近年、日本でのユーザー数が減少していると言われているとはいえ、事業者・社長の間で使われている割合が高いのは事実。人脈を維持したい、またはBtoB事業をしているという場合は、Facebookは効果的に使えるSNSと言えます。

　Facebookは、2004年にマーク・ザッカーバーグらが始め、大学から社会に広がったSNS。投稿の文字数は6万字。画像や動画も投稿できたり、メッセンジャーと呼ばれるチャット機能があったりします。事業者同士でのよくあるFacebookの使われ方は、下記のとおりになります。

①異業種交流会などで名刺交換をした場合、Facebookで友達登録
②積極的に連絡しなくても、関係がつながっている状態に
③時々お互いの投稿が表示されて、何となく様子が分かる

　こういったゆるい関係を維持していると「この案件は、あの人に聞いてみよう！」と思いつくこともあります。そして、Facebookから連絡し、コミュニケーションをとることで、メールを書くより、親密度の高いやりとりができます。

　このように、事業者・社長の人脈ネットワークの維持に長けているのがFacebookです。BtoB事業では上手に使えば、かなり役立ちます。

Facebook なんて、使わないよー
おじさん化してる SNS でしょ？

事業者・社長では、よく使われている Facebook

・**人脈の維持**
・**BtoB 事業** } **効果的に 使える SNS**

実名だから 便利！

特徴	・投稿文字数…6万字
	・画像、動画も投稿可能
	・メッセンジャーあり

拡散力は あまりない

よくある Facebook の使われ方

はじめまして！　よろしく お願いします

友達申請！

あの人、 こんな事業 やってるんだね

名刺交換

Facebook 友達

交流維持

そういえば この案件

あの人に 聞いてみよう！

メッセンジャーで 連絡！

Facebook は実名で 人の様子が分かる

人脈の維持には 便利な SNS

092

Theme (1) 日

集 客　反 応　見やすさ　読みやすさ

【Facebook】営業につなげられる投稿文章とは？

いきなり誘ってた…

　Facebookの場合１つの投稿で、バズったり成果を得られるということは、あまりありません。継続した投稿で、あなた自身が認識され信頼を得た上で、反応が得られるものです。そのために、以下の投稿を続けることが必要になります。

①あなたが何者か分かる

　「あなたが何の専門家か？」が不明だと、信用されません。まずは何者かが分かる投稿を頻繁にしましょう。また、１回や２回投稿していても、見られていないことが多いのです。文章中に「〇〇の芝田です」「〇〇コンサルとしては…」など入れると良いでしょう。

②ポジティブな内容

　人は誰でも、仕事を依頼するならネガティブな人より、ポジティブな人に依頼します。ですから「電車で失礼な人に会った」「こんなのはルール違反✕」で終わるような、ネガティブ投稿は避けましょう。

③お誘いは５回に１回程度

　Facebook上で人間関係ができないと、お誘いしても効果はありません。毎回、告知ばかりだと単なる営業とみなされてしまいます。勧誘やお知らせは５回に１回程度に留めましょう。

営業につなげる投稿

知らない人には誰も反応しません！

**Facebook は
あなた自身が認識・信頼された上で
反応が得られます！**

投稿例 「あなたは何者？」か分かる

> 静岡からお客様がいらっしゃいました。
> 横浜の Web コンサルの私のところまでですよ！
> そもそも、どうして私にホームページ制作を相談しようと思ったのか？伺ったところ…
>
> 「難しい専門用語を使わないと思ったので」
>
> 嬉しいっ！すごーく意識していたので。
> 相手に分かりやすい言葉って、大事ですよね。これからも頑張ります！
>
> 死んでもコンバージョンなんて言葉使いません♪

投稿者の
仕事が
分かる！

ポジティブな
内容で！

> 電車から慌てて降りて行った女性に、足を踏まれて激痛！こ…この痛みは、きっと足のツボですな。きっと明日は健康です（笑）

まずは質より数！

**Facebook で、あなたを知ってもらうために
頻繁に投稿しましょう！**

093

Theme ① 日

集客 反応 見やすさ 読みやすさ

【Facebook】これはダメ！日記になっている投稿の改善方法

友達に向けて日記を書いてた…

　Facebookをビジネスに役立てたい場合、「沖縄に行ってきました」＋海の写真という日記のような投稿は意味がありません。もちろん、それでも親しい人はコメントも入れてくれるでしょう。ですが、同じ投稿をするのであれば、あまり親しくない方からも「いいね」をしてもらえるお役立ち投稿のほうが、ビジネスに役立ちます。

　そこで自分の「○○に行きました・○○を食べました」の投稿に、少し手を加えてみましょう。投稿は、見る相手の時間を頂くことになるので、読む価値が必要です。とはいえ、難しい内容を入れるわけではありません。

　例えば、飛行機の写真を撮って「行ってきまーす」だけでなく、空港の混雑状況を入れておく。それだけでも、近日中出張に行く人にとっては役立つ情報になります。「おいしかった」だけでなく、どの店の何のメニューがおいしかったかを入れておく。読んだ本の写真と、どこが良かったのかを一言いれる。このように投稿に少し手を加えるだけで、見る人から「この人の投稿はいいな」と認識され、記憶に残るのです。もちろん、おもしろい投稿もよく読まれますが、難易度は高いです。「おもしろい投稿をしよう」とハードルを上げて投稿に行き詰まるより、情報提供で役立つ投稿を数多く残した方が、断然よいです。

「相手に役立つ」投稿にしよう！

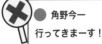
● 角野今一
行ってきまーす！

どこへ
何しに
行くわけ？

 役立つ情報をプラス

- 空港の混雑情報
- 行先の天気や気温
                など

● 角野今一
おいしかった！

そーですか

 役立つ情報をプラス

- 料理名や店情報
- 店の混雑情報
                など

● 角野今一
この本いい！

どんな
ところが？

 役立つ情報をプラス

- どんな人に役立ちそう？
- どんなところが良かった？
                など

自分の投稿は
イマイチ
だったのか…

この人の投稿いいね！

注意 **おもしろい投稿は、難易度が高い！**
相手に役立つ投稿を続ける方が、やりやすいです

面白さを狙って
失言する
人もいます

094

Theme 1日

集客　反応　見やすさ　読みやすさ

【Facebook】
あなたが何者か自然に
知らせる投稿文は？

　「1回この内容は書いたから大丈夫」という考えは、どんなSNSでも通用しません。なぜなら、誰の投稿を表示させるかは、運営元に握られているからです。投稿が表示されていないこともよくあります。さらに、人は投稿を丁寧に見てくれず、たとえ見たとしても1回見ただけでは、すぐ忘れています。したがって、あなたが何者なのか？　どんな事業をしているのか？　日々の投稿で、伝えることが大切です。とはいえ毎日、事業紹介をするのはうっとおしいので、さくっと投稿文に入れておくことをお勧めします。例えば、下記のような投稿です。

①最初に名乗るパターン
　「Webコンサルタントの芝田です。沖縄といえば、私的にはルートビア！」
②文章中に入れ込むパターン
　「採用するとき、Webコンサルとしては『必ず見られる会社ホームページ』でしょ！」
③事業関連ネタパターン
　「昨日、お客様からのホームページ相談で、びっくりしたことがありました！」

　簡単にできる投稿は、①最初に名乗る。あなたの投稿で毎回名乗っておけば、数ある投稿が並んでいても、チラッと目にしただけでも、あなたが何者かは伝えられます。

自分の仕事は、前に書いたから
いちいち書かなくても大丈夫！

それは
勘違い！

投稿は忘れられています
毎回のように、自分が何者か
投稿に入れましょう！

（1） **最初に** **名乗る**	**（2）** **文章中に** **入れ込む**	**（3）** **事業関連の** **ネタ**

● 角野今一

労務コンサルタント
の角野です。
沖縄といえば、私的
にルートビア！

● 角野今一

採用面接を行うとき
の質問。労務コンサ
ルタントとして、
避けた方がいいも
のは…

● 角野今一

昨日の労務相談で
びっくりした体験が
ありました！
手土産でいただいた
お菓子が、なんと…

投稿の最初に
肩書きを名乗る

これなら
できそう！

文章中に
自分の肩書きや
事業を入れる

自分の事業での
出来事を
ストーリーにする

難易度　★	難易度　★ ★	難易度 ★★★

まずは
やってみて！

上記を各投稿で、それぞれ使ってみてください！

095

集客 反応 見やすさ 読みやすさ

【Facebook】
「何をしてほしいか」明確に！
リンクはコメント欄に

この投稿って何が言いたいの…

セミナー・イベントや商品の申込があれば、Facebookをやる価値もあるというもの。この項では、どんな投稿にすれば良いかを解説します。

まず準備から。
①ターゲットになる人を決める
②その人が何に困っているか
③自分のセミナーなどがどう役に立つか
以上を明確にイメージした上で、ライティングします。

「SNSでは、投稿を読むか読まないか0.5秒で判断される」と言われますので、つかみが重要。5パターン右図にまとめましたので参考にしてください。その後の文章展開は、準備で決めた内容を元にライティングしていきます。

ライティングで重要なことは「相手に何をしてほしいか明確に書く」こと。申込してほしいなら「申込お願いします」と、遠慮せずに、はっきり書いてください。興味がある人にとっては、次に何をすれば良いか明確な方が親切なのです。
セミナー申込などのリンクは、投稿中に入れるのでなく、コメントで入れましょう。Facebookの特性で、投稿文の中にリンクがある場合は、極端に表示回数が落ちるためです。

Facebook でセミナーなど告知！

日々の投稿重要ですよ！

前提 成果を得るためには、
あなたが **「認識・信頼」** されている状態

← 成果
信頼
認識

告知の準備

① **ターゲットを決める**

② **ターゲットが困っていることは？**

③ **ターゲットにとってどんな役に立つか？**

告知は回数！
投稿内容を変えて
何回も投稿ですよ

投稿つかみ例

① **ターゲット呼びかけ型** ▶ 税理士向け／コンサル向け
ストレートに対象者を書く

② **お困り型** ▶ 膝の痛みで困っていませんか？

③ **お役立ち型** ▶ 集客がより楽になるツールがあれば！

④ **共感型** ▶ 毎日の SNS 投稿、ネタを出すのは大変ですよね

⑤ **ストーリー型** ▶ こんな方がいたんです…
お客様の辛い過去からの成功ストーリーを書く

読むか読まないか
0.5秒！

告知は、 相手に何をしてほしいか しっかり書く！

例 コメント欄のリンクから申込お願いします！

096

Theme 1日　集客　反応　見やすさ　読みやすさ

【YouTube】
動画でも
文章が必要な箇所って？

そうだったのか…

がーーん

　インターネットは確実に動画主体の時代になっています。動画SNSのYouTubeは、10代から60代まで各年代層に幅広く利用されています。ひと月にYouTubeを利用する人（月間アクティブユーザー）数は、世界では25億1,400万人。日本では7,000万人以上いると言われています。今の日本の人口は1億2452万人ですから、日本国民の約60％はYouTubeを見ているのです。

　「動画はハードルが高い」という企業も多い中、YouTubeから売上や採用に役立てている企業も多くなっています。今後は、YouTubeを運営する会社はどんどん増え、数年後は1企業1アカウントの時代になっているかもしれません。若い人材の採用に力を入れたい会社は特に、YouTube運営は必須です。Z世代は、SNSと動画を主体的に見ます。その一方で、求人掲載費用は高額で負担が大きい。それを考えると、今YouTubeを始めるのはおすすめです。動画が主体になるYouTubeでもライティングはあります。「動画タイトル、サムネイル、動画の説明」で、文章やキャッチコピーが必要です。実は、このライティング次第で再生回数の増減、成果へつながる反応も変わります。「動画でもライティングは重要！」ということを理解しておいてください。

全年代の人が動画を見ている

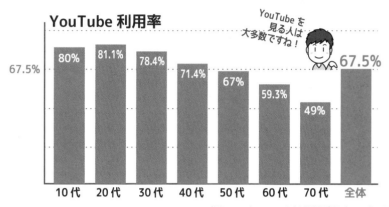

YouTube 利用率

YouTube を
見る人は
大多数ですね！

年代	利用率
10代	80%
20代	81.1%
30代	78.4%
40代	71.4%
50代	67%
60代	59.3%
70代	49%
全体	67.5%

67.5%

参照：NTT ドコモ モバイル社会研究所（2023 年 1 月）

YouTube を事業に利用している企業は多くなっている！

YouTube でのライティング必要箇所

① 動画タイトル
検索されるかタイトルで
左右される

② サムネイル画像
視聴者がサムネイル画像で
見るか見ないか判断

③ 動画の説明
興味を持ってくれた人へ
次の展開を提示

ホームページ大全

ホームページ大全【WEB・SNSマーケティング心理学】

@homepage-taizen　チャンネル登録者数 312 人・347 本の動画
もう、IT音痴なんて言わせない！ ›

twitter.com/prismgate48

🔔 登録済み ﹀

ホーム　動画　ショート　再生リスト　コミュ…

新しい順　人気の動画　古い順

① 動画タイトル
【保存版】Z世代……
その特徴と心理を知って
WEB・SNSで心を掴…

② サムネイル画像
【20分で学ぶ】心理学
が解き明かす WEB・
SNS マーケティング…

097 Theme 1日 集客 反応 見やすさ 読みやすさ

【YouTube】
見る人の状況を想像して
タイトルを考えてみる

把握して
なかった…

　YouTubeでは、タイトルは超重要。動画再生数を左右するからです。その理由は、YouTubeだけでなくGoogleでも動画は検索されるから。検索上位に表示されれば再生回数も上がる、というわけです。

　タイトルは、次の基本ルール3点を意識しましょう。

①検索キーワードを入れる

　検索で表示させるため、見込み客が使うと思われる検索キーワードを入れる

②30字で分かる

　タイトル文字数は100字まで。ただし、スマホから見えるのは最初の約30字。30字までで主要な意味が分かるように。

③【　】など記号を使う

　ぱっと見て認識できるよう【　】などの記号を使ってアクセントをつける。

　大切なのは「この動画を見てみたい！」と思わせること。そのヒントになるのは、「相手がどんな状況で見ているのか」を想像することです。YouTubeを見る時は、お昼休み、通勤の帰り道など、頭を休めているとき。「役立つ」より「これだけでOK」「楽しい」「やばい」など、週刊誌のようなタイトルの方が「見ようかな？」という気持ちになりますよね。

YouTube 動画タイトル重要！

タイトル重要！

【重要！】YouTube の
タイトル！キーワードを
- - - - - - - - - - - - - -

YouTube だけでなく
**Google でも
検索される！**

▶ YouTube 🔍

Google 🔍

YouTube タイトル基本ルール

① **検索キーワードを入れる**
見込み客が使うと予想される検索キーワードを入れる

② **30 文字で分かる**
動画タイトルは、100 字まで
スマホで見えるのは、最初の 30 文字

③ **【】など記号を使う**
ぱっと見で認識できるように、
記号でアクセントをつける

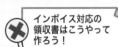

✕ インボイス対応の
領収書はこうやって
作ろう！

○ 【インボイス対応】
領収書はこう作る！

この動画見たい！

大切！

**と思うような
タイトルをつける！**

ヒント

頭が休んでいるときに、見たいものは？

相手がどんな状況で見ているか？　考えよう！

098

1日 Theme 集客 反応 見やすさ 読みやすさ

【YouTube】サムネイル画像のキャッチコピーはどうする？

　サムネイル画像とは、最初の画面や検索結果の一覧ページに表示される画像を指します。サムネイル画像は再生数を左右する大切なもの。中でも、動画を見るか見ないかは、サムネイル画像中の文字、つまりキャッチコピーで判断されます。サムネイル画像のキャッチコピー、ポイントは3点。

①タイトル自体を入れるのはNG
　タイトルは別途表示されているので、同じ文字ではもったいない！もっと短く、注目される言葉を使う。
②スマホで認識できる大きさ
　スマホでサムネイル画像は小さく表示されても文字が見えるよう、文字数は極力少なくする。
③動画中の印象的な一言でもOK
　動画中のインパクトある一言を使うと良い。

　画像自体は、人の顔を入れた方が良い、目に留まりやすい色合いにする、など言われていますが、「サムネの文字が読める」ことが必須です。ただし、このサムネ画像の文字さえうまくいれれば再生数が上がるというものはありません。動画のターゲットや競合によっても、傾向は変わるからです。ですから、再生数が高い動画のサムネ画像を参考にしたり、反応が悪かったらサムネ画像を変更したりと、試行錯誤してレベルを上げていきましょう。

サムネイル画像の文字で 動画は選ばれている！

▶ YouTube

なぜ？

損しない

若者7割 知らない！

99% 勘違い！ 集客プロフィール

これ 見よう！

サムネイル画像キャッチコピー

＜ポイント＞

① タイトルそのまま NG

もっと短く、注目される言葉を使う

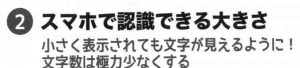

サムネイル画像には **キーワード なくても OK**

② スマホで認識できる大きさ

小さく表示されても文字が見えるように！ 文字数は極力少なくする

③ 動画中の印象的な一言でも OK

動画中にインパクトのある一言を使ってもよい

頭良いと 起業 失敗しやすい？

トライ＆エラー 大事！

サムネイル画像は、 **「文字が読める」** が必須！

反応が悪かったら、サムネイル画像を差し替えよう！

099 ①Theme 日 　集客　反応　見やすさ　読みやすさ

【YouTube】
説明には、
どんな文章を入れる？

説明欄って
こんなに
大切なの…

がーーん

　YouTubeの動画には、説明欄があります。動画が再生されている時は、最初の1〜3行が見えていて「もっと見る」をクリックすると、説明文がすべて見られるようになっています。説明文は2,500字まで。リンク、ハッシュタグも入れることが可能です。ビジネスに役立てるYouTube運営を目指している場合での、説明欄に入れる内容例を以下にまとめます。

①連絡先や申込先

　動画から見込客が連絡できるよう、連絡先になるホームページや、メルマガ・LINE登録先を必ず入れる。

②出演者プロフィール

　どんな人が動画で話しているのか、出自が分かるようにしておく。

③各SNSリンク

　インスタ、Xなどの運営しているSNSを入れておく。

④ハッシュタグ（#）

　ハッシュタグをつけると、YouTube内で同じタグをつけている他動画の関連動画として表示される。上限は15個まで。

※上限を超えてハッシュタグをつけると、ペナルティを受ける可能性あり。

⑤動画の目次（チャプター）

　動画の再生時間と目次です。YouTubeには目次「チャプター機能」があります。10分以上の長めの動画に入れると、視聴者が便利。

⑥その他、チャンネルコンセプトや動画の補足

YouTube 掲載例

ぱっと見は
サムネイル画像

惹きつける
キャッチコピー
重要！

採用もマーケティングも
Z世代の教科書
16:01

説明欄に入れる内容例

89 回視聴 2023/08/11 マーケティング心理学
●このチャンネルについて●
【失敗しないネットマーケティング】ホームページ大全で効果的なWEB運用を学ぼう！

この動画では、Z世代の特徴について心理を交えて解説しています。
テレビやインターネットでもよく聞くZ世代。
彼らは無視できない、それどころかこれからの主役となり得る存在です。
ぜひしっかりZ世代のことを知っておきましょう！

【目次】
0:00 この動画について
0:39 Z世代とは？
3:27 Z世代は広告よりSNSを信じる
5:27 Z世代の採用
8:02 Z世代の心を掴むには「ソーシャルメディアでコミュニケーションをとれ」
9:52 Z世代の心を掴むには「エンタメ性を持たせる」
11:40 Z世代の真似をする
12:55 Z世代に有効なマーケティング心理「FOMO」
13:48 Z世代に有効なマーケティング心理「SNS・インフルエンサーを信じる」
14:16 まとめ

心理学を活用したWEB・SNSマーケティングの戦術の要点ごとにまとめています。ぜひご覧ください！

芝田3冊目の本　皆様ぜひお買い求めください!!
「ホームページ集客大全100」←HP集客必読本です
アマゾンで販売中▼
https://www.amazon.co.jp/dp/4426128471

会社のホームページ担当、Web担当になっちゃった人!!
小さな事務所、または中小企業の経営者の方!!

「ホームページ集客大全100」を読んで、
ぜひ会社ホームページから売り上げを獲得してください!!

****

♪無料メルマガ配信中♪
https://prismgate.jp/mail-magazine

****

このチャンネルでは、「ホームページ集客大全100」の著者であり、ホームページ制作会社代表の芝田がやさしく、楽しく、ホームページやインターネットの初歩的な情報をお伝えしています。
『集客できるホームページ制作会社』プリズムゲート
https://prismgate.jp/
++++++++++++++++++++

#集客 #web #snsマーケティング #マーケティング #sns

チャプター

説明欄
2,500 字まで

好きな
ところが
すぐ見られる

動画の目次
（チャプター）

連絡先や
申込先

重要！
お忘れなく！

ハッシュタグ
15 個までOK

動画の目次
（チャプター）

すべて表示

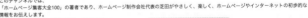

0:00
この動画について

0:39
Z世代とは？

3:27
Z世代は広告よりSNS
を信じる

5:27
Z世代の採用

8:02
Z世代の心を掴むには
「ソーシャルメディ…

Z世代の心
「エンタ…

100 ①日 Theme 【集客】【反応】【見やすさ】【読みやすさ】

【YouTube】
プロフィール（概要）には
何を入れる？

しっかり
作らないと
ダメね…

　YouTubeチャンネルには、概要ページがあります。すべての人ではありませんが、動画を見て興味を持った視聴者が閲覧します。また、チャンネル登録するかどうかチェックされる項目でもあります。いずれにしても、チャンネル概要まで見てくれる人は、あなたのチャンネルに興味がある人です。抜かりなく、必要情報を伝える文章を入れておくことが重要です。文字数制限は半角で5,000字全角で2,500字まで。最初の30字〜1行程度が表示されていて「＞」をクリックすると、全文が表示されます。ですので、最初の30文字で、ターゲットと内容が分かるようにしておくと良いです。

　ビジネスでYouTube運営をする場合では、必ず、受け皿となるホームページや連絡先を入れましょう。それがないと、ただ動画を見ただけで終わりになってしまいます。その他、どんな内容を概要に入れるか、例を以下にリストアップします。

- チャンネルのターゲット（対象者）
- チャンネルではどんな内容を発信していくか
- チャンネル運営者のホームページURL
- チャンネル運営者の各SNS
- チャンネル運営者のプロフィール
- 連絡先
- メルマガやLINE登録先

YouTube チャンネルのプロフィール
見られてます！

最初の1、2行
30 文字程度まで
表示される

文字数制限は、
半角で
5,000 字。
全角だと
2,500 字まで
なので要注意！

注意 ビジネスで YouTube を運営するなら
ホームページや連絡先を入れよう！

プロフィール内容例

- ▶ **チャンネルのターゲット（対象者）**
- ▶ **コンセプト（どんな内容を発信していくか？）**
- ▶ **チャンネル運営元 ホームページ・SNS の URL**
- ▶ **チャンネル運営者プロフィール**
- ▶ **会社などの連絡先**
- ▶ **LINE・メルマガ登録など**

きっちり書いて
あると、信頼
できるね！

おわりに

　最後までお読みいただき、ありがとうございます。

　この本を手に取ってくださったあなたは、「自分は、文章が苦手だからできるのかなぁ」と思っていませんか？「そんな気持ちを手放せるように」と願ってひとつお話しさせてください。

　実は、本書のイラストや図解もすべて、私、芝田弘美が描いています。

　絵を描くのは３歳からクレヨン画に始まり、あらゆる落書き、10代は漫画研究部で授業中もマンガを描き、社会に出てWebデザイナーになってからは官庁や企業のキャラ・マンガを描いてきました。相当な時間を費やして。

　実は、イラストを描ける人たちは、子どもの頃から膨大な時間を投資しています。これでは大人になってからでは、太刀打ちできないですよね。

　かたや、ライティングはどうでしょうか。

　一般的には、学校に行ってから文章を書き出します。作文や日記、読書感想文、レポートなど。社会に出てからは、報告書など。プライベートでは、SNS投稿や各種メッセージを書くくらいでしょうか。

　しかし実際まとまった文章を日常的に書く機会はありません。このように、ライティングに時間を投資している人は少ないのです。さらに、このネット時代でホームページやSNSを常時目にする状況でも、Webライティングを学ぶ人はほぼいない状況。

　こう考えると、今から取り組めば、有利だと思いませんか？

本書では、多くの方がはじめてでもライティングができるよう、Web業界27年の経験からのノウハウをまとめました。Webライティングに取り組むあなたを陰ながら応援しております！

　また、プリズムゲートの会社ホームページやメルマガ、各種SNSで役立つ情報を配信しています。YouTube「ホームページ大全」、X（旧Twitter）、Facebookで「芝田弘美」で検索してフォローしてください。

　最後に。
　この本は、私自身4冊目になります。そしてはじめてのライティング本。文章の本なのに、図解と文章で展開する矛盾！（笑）をお許しください。
　でも、「文章だけより図があったほうが取っ付きやすいし、分かりやすいに違いない！」と考え、100個以上の図版やイラストの作成をがんばりました。

　とはいえ、私1人でこの本が作られたわけではありません。本書のきっかけと編集をしてくださった自由国民社の三田編集長に大きな感謝を！
　また、図版のデータ化を手伝ってくれたプリズムゲートのメンバー、サットンローラ鞠子さん、眞貝潤さん、大井美波さん、田浦芙実夏さん、渡邊桂子さん。大きな助けになりました。ありがとうございます。

　何より、私を見守ってくれた家族に感謝しつつ、本書の締め括りとさせていただきます。ありがとうございました！

プリズムゲート株式会社　代表取締役　芝田弘美

著者：芝田 弘美 Hiromi Shibata

インターネット・ホームページを利用して士業・中小企業の売上を伸ばすWebコンサルタント・販促デザイナー。小学1年生から家のヤマザキショップで働き始め、店頭販売やPOP・チラシ作成を行う。中央大学商学部ではマーケティング専攻。大手コンビニ本部に就職ののち、1996年マンガが描けることで誘いを受け、Web制作会社に転職。Webデザイナーとして働き始める。2000年、現プリズムゲート株式会社を設立。中央省庁・中小企業のWebサイト構築、1000件以上のプロジェクトに携わる。幼少期から実店舗で働いて培った"お客様目線"と、大学以降で学んだ事業戦略・マーケティングの知識を活かし、「クライアントの事業を発展させること」を第一にWebサイトを企画・構築。さらには販促物デザイン・コンサルティングも手掛ける。会社ホームページから月商300万円売り上げる修理会社、年間売上1億円以上の士業事務所、月に10人以上新規来院がある歯科クリニックなど、実績多数。一方、講師としても年間20本以上のセミナー・講座を行う。著作には『士業のためのホームページのつくりかた』(2013年1月／中央経済社)、『儲かる会社はホームページが9割!』(2021年10月／自由国民社)、『1日1テーマ読むだけで身につくホームページ集客大全100』(2022年12月／自由国民社)がある。趣味は、3歳から続けている日本舞踊(坂東流師範)。松濤会空手三段。

1日1テーマ 読むだけで身につく
はじめての Web ライティング大全 100

2023年12月30日　初版第1刷発行

著者	芝田 弘美
企画協力	松尾 昭仁（ネクストサービス株式会社）
装丁	テラカワ アキヒロ（Design Office TERRA）
本文デザイン	株式会社 新藤慶昌堂
イラスト	芝田 弘美
編集	三田 智朗
発行者	石井 悟
発行所	株式会社 自由国民社
	〒171-0033 東京都豊島区高田3-10-11
	営業部／TEL：03-6233-0781
	編集部／TEL：03-6233-0786
印刷所	株式会社 新藤慶昌堂
製本所	新風製本 株式会社